**Langues pour tous**
Collection dirigée par
Jean-Pierre Berman, Michel Marcheteau et Michel Savio

# L'espagnol tout de suite !

par

**Christian Régnier**
**&**
**Jesús Sandoval**

4$^e$ édition
revue et corrigée

 1 version sonore (non vendue séparément)
est disponible en coffret (1 livre + 1 CD)

## Présentation

***L'Espagnol tout de suite !*** est un ouvrage qui ne nécessite aucune connaissance grammaticale et linguistique préalable ! Il est destiné à tous ceux qui, pour une raison ou une autre, n'ont pas le temps de se consacrer à un apprentissage systématique de ***l'espagnol***.

• Il s'agit donc d'un manuel court, conçu pour aider à exprimer un certain nombre de messages simples et pratiques.

• Il part de formules et d'expressions en français dont il propose l'équivalent en ***espagnol***. Ainsi, dès la première unité de ce livre vous pouvez être opérationnel tout de suite.

***L'Espagnol tout de suite*** comprend deux parties :

• **Partie A**, de 1 à 20 : Vingt unités de quatre pages construites autour de formules de grande fréquence : ***je suis, je voudrais, combien... ?, comment... ?, pourquoi... ?***, suivies d'un vocabulaire de base le plus concret possible.

➡ Des explications et des remarques élémentaires viennent s'y ajouter, renforcées par des exercices avec correction instantanée **et des points de civilisation**.

• **Partie B**, de 1 à 20 : Vingt unités présentent le vocabulaire par centres d'intérêt : ***nourriture, logement, transport, santé***, etc.

➡ Des exercices corrigés utilisent les structures et les formules proposées dans la partie A auxquelles s'ajoutent **des informations pratiques**.

➡ En fin de volume, un mémento grammatical permet un survol des conjugaisons et présente des tableaux d'éléments de base. Un **lexique** d'un millier de mots peut être utilisé comme dictionnaire de poche dans les deux sens (espagnol-français, français-espagnol).

## Conseils d'utilisation

• **Partie A** : vous pouvez soit l'étudier systématiquement pour vous initier rapidement aux structures les plus courantes de ***l'espagnol***, soit, en cas d'urgence, recourir directement à la structure dont vous avez besoin, par exemple A8 : « *Je veux* », « *Je voudrais* » et la mettre tout de suite en application.

• **Partie B** : vous pouvez soit étudier systématiquement les différents secteurs de vocabulaire qui vous sont proposés, soit choisir celui dont vous avez besoin TOUT DE SUITE.

## Enregistrement

Un (CD) d'environ une heure vous permet de vous familiariser avec la prononciation de ***l'espagnol*** en écoutant et en répétant les **modèles de phrases de la partie A.**

Les index du (CD) vous permettent d'accéder directement aux leçons.

# Prononciation

Les voyelles ou consonnes qui ne figurent pas sur le tableau ne présentent aucune difficulté de prononciation. Voir aussi page 128, Annexes.

| lettre | son | exemple |
|--------|-----|---------|
| c | [k] devant a, o, u | casa [kassa], cosa [kossa] |
|   | [z] devant e, i | cena [zéna], cine [ziné] |
| ch | [tch] | chocolate [tchokolaté] |
| g | [g] devant a, o, u | gama [gama], goma [goma] |
|   | [j] devant e, i | genio [jénio], ágil [ajil] |
| j | [j] « raclé » | jamón [jamonn], jefe [jefe] |
| ll | [y] « mouillé » | llamar [lyamar] |
| ñ | [gn] | niño [ninyo] |
| r | [r] « roulé » | rama [rama] |
| s | [ss] | casa [kassa] |
| v | [b] | vaca [baka] |
| x | [kss] | examen [éksamen] |
| z | [z] | caza [kaza] |

> Si vous voulez aller plus loin dans l'étude de l'espagnol, la collection **Langues pour tous** propose une série d'ouvrages adaptés à tous les niveaux et tous les besoins (méthodes générales et spécialisées, dictionnaires, grammaire, chansons, etc.), et, notamment pour acquérir, en profondeur et systématiquement, les éléments de base, la méthode ***40 leçons pour parler espagnol*** (voir **Catalogue Langues pour tous**).

La loi du 11 mars 1957 n'autorisant, aux termes des alinéas 2 et 3 de l'article 41, d'une part, que les « copies ou reproductions strictement réservées à l'usage privé du copiste et non destinées à une utilisation collective » et, d'autre part, que les analyses et les courtes citations dans un but d'exemples et d'illustration, « toute représentation ou reproduction, intégrale ou partielle, faite sans le consentement de l'auteur ou de ses ayants droit ou ayants cause est illicite » (alinéa 1er de l'article 40).

Cette représentation ou reproduction, par quelque procédé que ce soit, constituerait donc une contrefaçon sanctionnée par les articles 425 et suivants du Code pénal.

2001 - Langues pour tous - Pocket, Département d'Univers Poche
2004 pour la présente édition
ISBN 2-266-14478-2

# Sommaire

## Partie A

**A1** *Je suis*
   **Soy** .................................................. 6
**A2** *Je suis*
   **Estoy** ............................................... 10
**A3** *J'ai (je possède)*
   **Tengo** .............................................. 14
**A4** *Où est ? – Où sont ?*
   **¿ Dónde está ? – ¿ Dónde están ?** ......... 18
**A5** *Il y a - Y a-t-il ? – Il n'y a pas*
   **Hay – ¿ Hay ? – No hay** ..................... 22
**A6** *Trop, beaucoup, assez, un peu de, quelque chose, quelqu'un*
   **Demasiado, mucho, bastante, un poco de, algo, alguien** .... 26
**A7** *Quelle heure ? – Quand ? – Quel jour sommes-nous ?*
   **¿ Qué hora ? – ¿ Cuándo ? – ¿ A cuántos estamos ?** ...... 30
**A8** *Je veux – Je voudrais – Voulez-vous ? – Désirez-vous ?*
   **Quiero – Quisiera - ¿ Quiere ? - ¿ Desea ?** ............ 34
**A9** *Ordres et défenses*
   **Ordenes y prohibiciones** ..................... 38
**A10** *Je sais – Je crois – Savez-vous ? – Croyez-vous ?*
   **Sé – Creo – ¿ Sabe ? – ¿ Cree ?** ........... 42
**A11** *Pouvez-vous ? – Puis-je ? – Je ne peux pas*
   **¿ Puede ? – ¿ Puedo ? – No puedo** ........ 46
**A12** *Combien ?*
   **¿ Cuánto ?** ....................................... 50
**A13** *Est-ce que… ? – Qu'est-ce que… ?*
   **¿ … ? – ¿ Qué… ?** ........................... 54
**A14** *La chambre de Jean*
   **La habitación de Juan** ........................ 58
**A15** *Comment ? – Pourquoi ?*
   **¿ Cómo ? - ¿ Por qué ? – ¿ Para qué ?** ..... 62
**A16** *Je dois – Il faut*
   **Tengo que – Hay que** ......................... 66
**A17** *Hier – Il y a – Depuis – L'année dernière*
   **Ayer – Hace – Desde hace – El año pasado** ...... 70
**A18** *À – En – Au – Sur – Dans*
   **A – En** ............................................. 74
**A19** *Avant – Après – Devant – Derrière*
   **Antes – Después – Delante – Detrás** ...... 78
**A20** *Comparatifs*
   **Comparativos** ................................... 82

# Sommaire

## Partie B

| | | |
|---|---|---|
| **B1** | *Manger et boire* <br> **Comer y beber** | 86 |
| **B2** | *La nourriture* <br> **La comida** | 88 |
| **B3** | *Les vêtements* (1) <br> **La ropa** (1) | 90 |
| **B4** | *Les vêtements* (2) <br> **La ropa** (2) | 92 |
| **B5** | *La maison* (1) <br> **La casa** (1) | 94 |
| **B6** | *La maison* (2) <br> **La casa** (2) | 96 |
| **B7** | *La famille* <br> **La familia** | 98 |
| **B8** | *En voyage* (1) <br> **De viaje** (1) | 100 |
| **B9** | *En voyage* (2) <br> **De viaje** (2) | 102 |
| **B10** | *L'hôtel* <br> **El hotel** | 104 |
| **B11** | *La ville* <br> **La ciudad** | 106 |
| **B12** | *Les courses* <br> **Las compras** | 108 |
| **B13** | *Le temps* <br> **El tiempo** | 110 |
| **B14** | *Le corps* <br> **El cuerpo** | 112 |
| **B15** | *La santé* <br> **La salud** | 114 |
| **B16** | *Le sport* <br> **El deporte** | 116 |
| **B17** | *L'école* <br> **La escuela** | 118 |
| **B18** | *Les métiers* <br> **Los oficios** | 120 |
| **B19** | *Le téléphone* <br> **El teléfono** | 122 |
| **B20** | *Les médias* <br> **Los medios de comunicación** | 124 |

- Annexes .................................................................. 127
- Lexique espagnol-français .......................................... 140
- Lexique français-espagnol .......................................... 150
- Index grammatical ..................................................... 160

## A1 Je suis

**Je suis**

    français(e).
    belge.

    secrétaire.
    étudiant(e).
    médecin.
    avocat.
    peintre.
    directeur/directrice.

    touriste.
    client.

    brun(e).
    blond(e).

    jeune.
    vieux/vieille.
    célèbre.
    veuf/veuve.

    célibataire.
    professionnel.
    catholique.

## A1 Soy

**Soy**

| | | |
|---|---|---|
| | **francés/francesa.** | [fra-nz**é**s-sa] |
| | **belga.** | [b**é**lga] |
| | | |
| | **secretario/secretaria.** | [s**é**kr**é**t**a**rio/a] |
| | **estudiante.** | [**é**stoudi-**a**-nté] |
| | **médico/médica.** | [m**é**dikoa] |
| | **abogado/abogada.** | [abog**a**doa] |
| | **pintor/pintora.** | [pint**o**ra] |
| | **director/directora.** | [dir**é**kt**o**r/a] |
| | | |
| | **turista.** | [tour**i**ssta] |
| | **cliente/clienta.** | [kli-**é**n-téa] |
| | | |
| | **moreno/morena.** | [mor**é**no/a] |
| | **rubio/rubia.** | [r**ou**bio/a] |
| | | |
| | **joven.** | [j**o**bén] |
| | **viejo/vieja.** | [b**ie**jo/a] |
| | **célebre.** | [z**é**lébré] |
| | **viudo/viuda.** | [bi-**ou**do/a] |
| | | |
| | **soltero/soltera.** | [solt**é**ro/a] |
| | **profesional.** | [prof**é**ssion**a**l] |
| | **católico/católica.** | [kat**o**liko/a] |

## A1 — Je suis — CONSTRUCTIONS & REMARQUES

■ **Soy**, *je suis*, vient du verbe **ser**.

| (yo)       | soy   | [soï]    | *je suis*     |
|------------|-------|----------|---------------|
| (tu)       | eres  | [éress]  | *tu es*       |
| (él)       | es    | [ess]    | *il est*      |
| (nosotros) | somos | [somoss] | *nous sommes* |
| (vosotros) | sois  | [soïss]  | *vous êtes*   |
| (ellos)    | son   | [sonn]   | *ils sont*    |

■ **REMARQUE**

L'espagnol a deux verbes pour traduire le verbe *être* ; **ser** s'utilise :
- devant un nom : **soy médico**, *je suis médecin*
- devant un pronom : **soy yo**, *c'est moi* (notons l'accord)
- devant une idée de nombre : **somos dos**, *nous sommes deux*
- devant un adjectif pour exprimer une qualité essentielle, déterminante : **soy rubia**, *je suis blonde*
- pour exprimer la possession : **es de mi marido**, *c'est à mon mari*

■ **AUXILIAIRE**

L'espagnol n'a qu'un seul auxiliaire : le verbe **haber**.
Donc, lorsque le verbe *être* se trouve devant le participe passé pour la formation du passé composé, nous devons l'utiliser :

*je suis allé*        **he ido**
*nous sommes allés*   **hemos ido**

Notons en outre que le participe passé ne s'accorde pas.

➡ **ATTENTION !**

*Vous* se traduit par :
- **usted** lorsqu'on s'adresse à une personne que l'on vouvoie ; on utilise la troisième personne du singulier :
- **usted es cliente**, *vous êtes client*
- **ustedes** lorsqu'on s'adresse à un groupe de personnes que l'on vouvoie ; on utilise la troisième personne du pluriel :
- **ustedes son clientes**, *vous êtes clients*
- **vosotros** lorsqu'on s'adresse à un groupe de personnes que l'on tutoie ; on utilise la deuxième personne du pluriel :
- **vosotros sois clientes**, *vous êtes clients*

| **A1** | Soy | ENTRAÎNEZ-VOUS |
|---|---|---|

### A. Que veut dire en français ?
1. Somos un matrimonio con dos hijos.
2. Hemos ido a Sevilla este verano.
3. ¡ Qué tonto soy ! No recordaba nuestra cita.
4. ¿ Quién es ?
5. No he sido yo.

### B. Comment dire en espagnol
1. *Nous sommes venus en vacances.*
2. *Ma chambre est trop petite.*
3. *Qui est-ce ?*
4. *J'aime ce restaurant parce qu'il n'est pas cher.*

## SOLUTIONS

**A**
1. *Nous sommes un couple avec deux enfants.*
2. *Nous sommes allés à Séville cet été.*
3. *Que je suis bête ! Je ne me souvenais pas de notre rendez-vous.*
4. *Qui est-ce ?*
5. *Ce n'est pas moi.*

**B.**
1. Hemos venido de vacaciones.
2. Mi habitación es demasiado pequeña.
3. ¿ Quién es ?
4. Me gusta este restaurante porque no es caro.

---

L'Espagne (504 762 km$^2$) occupe la majeure partie de la péninsule ibérique et comprend également les archipels des *Baléares* et les deux villes enclaves du nord de l'Afrique (**Ceuta** et **Melilla**), seuls vestiges de son ancien empire.

Quant au *rocher* (**Peñón**) de *Gibraltar* (*Djebel al Tarik*), il est sous domination britannique depuis la fin de la guerre de succession d'Espagne (1701-1714).

C'est aussi le point de passage obligé entre les continents africain et européen.

L'Espagne est découpée en plusieurs régions séparées par de hautes chaînes montagneuses : *Pyrénées* et *cordillère Cantabrique* au nord, *monts Ibériques* à l'est, **Sierra Morena** et **Sierra Nevada** au sud. De là, procèdent des climats fort différents : océanique et humide et tempéré au nord, méditerranéen chaud et sec le long de la côte orientale, continental chaud en été et froid en hiver (4° à 23°) dans le centre.

## A2 Je suis

**Je suis**

    à Madrid.
    à l'hôtel Las Palmeras.
    à la gare.
    au restaurant.
    chez moi.

    debout.
    prêt(e).

    malade.
    bronzé(e).

    content(e).
    inquiet / inquiète.
    fatigué(e).
    triste.

    sûr(e).
    en vacances.
    en voyage.

    en train d'attendre.
    en train de manger.
    en maillot de bain.

## A2 Estoy

## Estoy

| | |
|---|---|
| **en Madrid.** | [madrid]/[madriz]* |
| **en el hotel Las Palmeras.** | [otél las palmérass] |
| **en la estación.** | [ésstazion] |
| **en el restaurante.** | [réstaour-a-nté] |
| **en mi casa.** | [kassa] |

*Voir prononciation p. 128

| | |
|---|---|
| **de pie.** | [dé p-ié] |
| **preparado/preparada.** | [préparado/a] |
| **enfermo/enferma.** | [é-nférmo/a] |
| **moreno/morena.** | |
| **contento/contenta.** | [ko-nte-nto/a] |
| **inquieto/inquieta.** | [in-quiéto/a] |
| **cansado/cansada.** | [ka-nssado/a] |
| **triste.** | [triste] |
| **seguro/segura.** | [ségouro/a] |
| **de vacaciones.** | [bakazioness] |
| **de viaje.** | [biajé] |
| **esperando.** | [éspéra-ndo] |
| **comiendo.** | [komie-ndo] |
| **en traje de baño.** | [traje dé banyo] |

## A2 — Je suis — CONSTRUCTIONS & REMARQUES

■ **Estoy**, *je suis*, vient du verbe **estar**. (CD)

| (yo)       | estoy   | [estoï]    | *je suis*    |
|------------|---------|------------|--------------|
| (tú)       | estás   | [estass]   | *tu es*      |
| (él)       | está    | [esta]     | *il est*     |
| (nosotros) | estamos | [estamoss] | *nous sommes*|
| (vosotros) | estais  | [estaïss]  | *vous êtes*  |
| (ellos)    | están   | [estan]    | *ils sont*   |

■ **REMARQUE**

Voici le deuxième verbe *être* espagnol : **estar**. Il s'utilise :
pour localiser dans l'espace :
**estoy en París**, *je suis à Paris*
pour localiser dans le temps :
**estamos en noviembre**, *nous sommes en novembre*
devant le participe présent (idée d'action en train de se réaliser) :
**está durmiendo**, *il dort (il est en train de dormir)*
devant un participe passé ou un adjectif pour exprimer le résultat d'une action :
**el trabajo está terminado**, *le travaille est fini*
**la fruta está madura**, *le fruit est mûr*
devant un adjectif pour désigner un état (dans lequel on se trouve) :
**estoy enfermo**, *je suis malade*

➡ **ATTENTION !**

Certains adjectifs changent de signification selon que l'on utilise **ser** ou **estar** :

| **es malo**  | *il est méchant* | **está malo**  | *il est malade*     |
| **es bueno** | *il est bon*     | **está bueno** | *il est guéri*      |
| **es rico**  | *il est riche*   | **está rico**  | *il est appétissant*|

➡ **RETENEZ AUSSI :**

| **por favor**       | *s'il vous plaît*            |
| **encantado**       | *enchanté*                   |
| **(muchas) gracias**| *merci (beaucoup)*           |
| **de nada**         | *de rien (il n'y a pas de quoi)* |

| **A2** | **Estoy** | **ENTRAÎNEZ-VOUS** |

### A. Que veut dire en français ?
1. No la puedo molestar, está durmiendo.
2. Estamos esperando el tren de las diez y media.
3. Este melón está muy rico.
4. Cuando estamos en invierno no comemos en el jardín.
5. ¿ Puede llamar a mi mujer ? Está sentada en el salón.
6. Estaremos en Madrid todo el verano.

### B. Comment dire en espagnol ?
*1. La chambre est réservée à mon nom.*
*2. Je suis très déçu. Tout est occupé.*
*3. M. et Mme Dupont mangent sur la terrasse.*
*4. Je me gare ici. Nous sommes à l'hotel de la plage.*
*5. Le directeur est celui qui est en train d'écrire.*
*6. Je suis enchanté d'avoir fait votre connaissance.*

## SOLUTIONS

**A.** *1. Je ne peux pas la déranger, elle dort.*
*2. Nous attendons le train de dix heures trente.*
*3. Ce melon est très bon.*
*4. Quand nous somme en hiver, nous ne mangeons pas dans le jardin.*
*5. Pouvez-vous appeler ma femme ? Elle est assise dans le salon.*
*6. Nous serons à Madrid tout l'été.*

**B.** 1. La habitación está reservada a mi nombre.
2. Estoy muy decepcionado. Todo está ocupado.
3. El señor y la señora Dupont están comiendo en la terraza.
4. Estoy aparcando aquí. Estamos en el hotel de la playa.
5. El director es aquél que está escribiendo.
6. Estoy encantado de haberle conocido.

### LES LANGUES D'ESPAGNE

***Aragonés*** : environ 30 000 personnes dans les montagnes pyrénéennes.
***Bable*** : dans une petite partie des ***Asturies***.
***Caló*** : argot des ***Gitans*** (surtout en ***Andalousie***).
***Catalán*** : 6 millions le comprennent (***Catalogne***, ***Baléares*** et ***Pays valencien***), encore que là, il s'agisse de véritables langues : ***valenciano*** et ***mallorquin***.
***Euskera*** : langue *basque* (600 000 personnes).
***Gallego*** : galicien (3 millions). ***Galice***, nord du **León**, ouest des ***Asturies***, ***Zamora*** (+ 500 000 ***Argentins*** !).

## A3 J'ai

**J'ai**

> sommeil.
> chaud.
> faim.
> soif.
> envie de dormir.
> de la fièvre.
>
> confiance.
> raison.
> peur.

**J'ai** (je possède)

> une voiture française.
> une maison en Andalousie.
> une fille et deux fils.
> un plan de la région.
>
> un cadeau à acheter.
>
> de l'argent.
> de la monnaie.
> du retard.
>
> trente deux ans.
> deux semaines de vacances.
> du temps.
> quelque chose à faire.

## A3 Tengo

**Tengo**
| | |
|---|---|
| sueño. | [souényo] |
| calor. | [kalor] |
| hambre. | [a-mbré] |
| sed. | [séd] |
| ganas de dormir. | [ganas dé dormir] |
| fiebre. | [fi-ébré] |
| | |
| confianza. | [konfia-nz-a] |
| razón. | [razon] |
| miedo. | [mié-do] |
| | |
| un coche francés. | [kotché fra-nzcéss] |
| una casa en Andalucía. | [a-ndalouzia] |
| una hija y dos hijos. | [ija/ijoss] |
| un mapa de la región. | [mapa/réjion] |
| | |
| un regalo que comprar. | [régalo ké ko-mprar] |
| dinero. | [dinéro] |
| cambio. | [ka-mbio] |
| retraso. | [rétrasso] |
| | |
| treinta y dos años. | [trei-nta i dos anyoss] |
| dos semanas de vacaciones. | [sémanass dé bacazioness] |
| tiempo. | [tie-mpo] |
| algo que hacer. | [algo qué azer] |

| A3 | J'ai | **CONSTRUCTIONS & REMARQUES**<br>(je possède) |
|---|---|---|

■ **Tengo**, *j'ai*, vient du verbe **tener**. (CD)

| (yo)       | tengo   | *j'ai*      |
|------------|---------|-------------|
| (tú)       | tienes  | *tu as*     |
| (él)       | tiene   | *il a*      |
| (nosotros) | tenemos | *nous avons*|
| (vosotros) | tenéis  | *vous avez* |
| (ellos)    | tienen  | *ils ont*   |

➡ Il exprime la possession, l'appartenance. Il s'agit d'un verbe irrégulier.

■ **REMARQUES**

- Il s'utilise aussi pour l'obligation avec **que** :
  **Tengo que ir al aeropuerto.**
  *Je dois aller à l'aéroport.*
  **¿ Tenemos que pagar ahora ?**
  *Devons-nous payer maintenant ?*

- La négation ne pose jamais de problème en espagnol : il suffit de faire précéder le verbe de **no** :
  **Tengo hambre.**      *J'ai faim.*
  **No tengo hambre.**   *Je n'ai pas faim.*

■ **RAPPEL**

- Lorsque le verbe *avoir* est utilisé sous la forme d'un auxiliaire, on trouve en espagnol **haber**. Il est toujours invariable :
  *J'ai vu.*                          **He visto.**
  *Vos enfants ? Je les ai vus.*      **¿ Sus hijos ? Los he visto.**
  *Nous avons visité Tolède.*         **Hemos visitado Toledo.**
  *Les villes que j'ai visitées.*     **Las ciudades que he visitado.**

- L'auxiliaire **haber** et le participe passé ne sont jamais séparés :
  *j'ai bien mangé*                   **he comido bien**

---

➡ **RETENEZ AUSSI :**
| *Je n'ai pas d'argent.* | **No tengo dinero.** |
| *Je n'ai pas votre adresse.* | **No tengo su dirección.** |
| *Je n'ai pas le temps.* | **No tengo tiempo.** |
| | |
| *Avez-vous des journaux français ?* | **¿ Tiene periódicos franceses ?** |
| *Avez-vous du feu ?* | **¿ Tiene fuego ?** |
| *Avez-vous de la monnaie ?* | **¿ Tiene cambio ?** |

| A3 | Tengo | ENTRAÎNEZ-VOUS |

## A. Que veut dire en français ?
1. Tengo una habitación reservada a mi nombre.
2. He visto un restaurante muy agradable.
3. No tengo tarjeta bancaria.
4. ¿ Tienen habitación ?
5. Hemos comido muy bien
6. Tengo que alquilar un coche.
7. Tengo hambre.

## B. Comment dire en espagnol ?
1. *Il faut que je vous explique le chemin.*
2. *Nous devons lui dire que nous partons demain matin*
3. *J'ai mal dormi.*
4. *La paella que nous avons mangée dans ce restaurant était excellente.*

## SOLUTIONS

**A.**
1. *J'ai une chambre réservée à mon nom.*
2. *J'ai vu un restaurant très agréable.*
3. *Je n'ai pas de carte bancaire*
4. *Avez-vous une chambre ?*
5. *Nous avons très bien mangé.*
6. *Je dois louer une voiture.*
7. *J'ai faim.*

**B**
1. Tengo que explicarle el camino.
2. Tenemos que decirle que nos vamos mañana por la mañana.
3. He dormido mal.
4. La paella que hemos comido en ese restaurante era excelente.

---

### LES AUTONOMIES — **LAS AUTONOMIAS**

• La transition (1975-1978)

Le surlendemain de la mort du général dictateur **Franco**, le prince **Juan Carlos** fut proclamé roi devant le parlement franquiste. Il laissa alors entrevoir sa volonté de libéraliser la société espagnole : « *...Nous insistons sur la construction d'un ordre juste où l'activité publique aussi bien que privée serait sous la sauvegarde juridictionnelle. Un ordre juste, le même pour tous, permet de reconnaître, à l'intérieur du Royaume et de l'Etat, les particularités régionales, en tant qu'expression de la diversité de peuples qui constituent la réalité de l'Espagne. Le Roi veut l'être de tous à la fois et de chacun dans sa culture, son histoire, sa tradition.* »

Le 6 décembre 1978, la nouvelle Constitution fut approuvée par 87, 8 % de oui. La monarchie parlementaire et un État « autonomique » étaient nés.

(suite p. 25)

## A4 Où est… ? Où sont… ?

### Où est

l'hôtel ?
la valise ?
la poste ?
la gare ?
la voiture ?
l'aéroport ?
le restaurant ?
le café ?
mon argent ?
ta femme ?
notre table ?
le magasin ?

### Où sont

les magasins ?
les toilettes ?
les bagages ?
tes invitations ?
vos enfants ?
nos invités ?

les billets ?

## A4 ¿ Dónde está... ? ¿ Dónde están ?

### ¿ Dónde está
| | |
|---|---|
| **el hotel ?** | [ot**é**l] |
| **la maleta ?** | [mal**é**ta] |
| **Correos ?** | [kor-r**é**oss] |
| **la estación ?** | |
| **el coche ?** | [k**o**-tché] |
| **el aeropuerto ?** | [aéropou**é**rto] |
| **el restaurante ?** | |
| **el café ?** | [kaf**é**] |
| **mi dinero ?** | |
| **tu mujer ?** | ]mouj**é**r] |
| **nuestra mesa ?** | [m**é**ssa] |
| **la tienda ?** | [ti-**é**-nda] |

### ¿ Dónde están
| | |
|---|---|
| **las tiendas ?** | |
| **los servicios ?** | [sérb**i**zioss] |
| **las maletas ?** | |
| **tus invitaciones ?** | [inbitazi**o**ness] |
| **sus hijos ?** | [**i**joss] |
| **nuestros invitados ?** | [nou**é**stross inbit**a**doss] |
| **los billetes ?** | [biy**é**téss] |

## A4 — Où est... ? / Où sont... ? — CONSTRUCTIONS & REMARQUES

■ Comme nous l'avons vu (A2), le verbe **estar** s'utilise en espagnol pour indiquer la localisation :

**Estoy en el hotel Sol.**   *Je suis à l'hôtel Sol.*
**¿ Dónde está la playa ?**   *Où est la plage ?*

• Cette idée de localisation peut aussi se rendre par l'expression **se encuentra** (*se touve*) :

**¿ Dónde está el hotel ?**   *Où est l'hôtel ?*
**¿ Dónde se encuentra el hotel ?**   *Où se trouve l'hôtel ?*

• Il peut aussi s'agir d'exprimer le temps :

**Estamos en verano**   *Nous sommes en été*

### ➡ ATTENTION !

Toute question (à l'écrit) commence par un point d'interrogation initial « à l'envers » : **¿**

### ■ REMARQUES

• <u>Le féminin</u> : mis à part les mots invariables (cas de ceux finissant en **ista**) et ceux qui ont un féminin et un masculin spécifiques, les deux cas les plus habituels sont les mots terminés par un *o* qui font leur féminin en *a* et ceux terminés par une consonne auxquels on ajoute un *a* :

**loco** (*fou*)                **loca** (*folle*)
**doctor** (*docteur*)          **doctora** (*doctoresse*)

• <u>Le pluriel</u> : les deux cas les plus habituels sont les mots terminés par une voyelle qui font leur pluriel en *s* et ceux terminés par une consonne auxquels on ajoute *es* :

**hombre** (*homme*)            **hombres** (*hommes*)
**árbol** (*arbre*)             **árboles** (*arbres*)

### ➡ ATTENTION !

Les mots finissant par *y* (**buey**) ou par *í* (**marroquí**) ou *ú* (**tabú**) se comportent comme ces derniers (**bueyes, marroquíes, tabúes**).

| A4 | ¿Dónde está...? ¿Dónde están...? | **ENTRAÎNEZ-VOUS** |

## A. Que veut dire en français ?
1. ¿Dónde están las llaves del coche ?
2. ¿Dónde está el Museo del Prado ?
3. ¿Dónde está el centro de la ciudad ?

## B. Comment dire en espagnol ?
*1. Où se trouve la banque ?*
*2. Où sont mes amis ?*
*3. Où est le garage ?*

---

### SOLUTIONS

**A.** *1. Où sont les clés de la voiture ?*
*2. Où est le musée du Prado ?*
*3. Où est le centre ville ?*

**B.** 1. ¿Dónde está el banco ?
2. ¿Dónde están mis amigos ?
3. ¿Dónde está el garaje ?

---

| LES AUTONOMIES – **LAS AUTONOMÍAS** (suite de la p.17) |

Un Etat « autonomique » ?

- Dès le début de la transition, personne ne conteste la légitimité des revendications des nationalités historiques – basque, catalane, galicienne en particulier. Après quarante ans de centralisme, il existe une aspiration générale à la décentralisation, d'où la décision de généraliser l'accès à l'autonomie à tout le territoire. En effet, trois siècles d'État centraliste et les quarante ans de la période franquiste n'ont pas réussi à effacer les particularismes culturels, linguistiques, politiques des régions espagnoles.
- Dans l'Espagne du Moyen Âge, trois cultures ont coexisté : juive, islamique, chrétienne.
L'immense majorité des Espagnols a compris que l'Espagne est diversité et non uniformité, phénomène déterminant à l'heure où elle intègre pleinement l'Europe.
- L'attachement à la « petite patrie », au terroir, n'est pas un concept vague mais quelque chose de concret, vital, qui est inscrit dans le code génétique de l'Espagnol, qui se manifeste dans son comportement, son mode de penser, sa langue... Ce sentiment n'inclut pas l'idée de séparatisme, il n'exclut pas le sentiment, bien ancré d'ailleurs, d'être espagnol, d'appartenir à la nation espagnole.

## A5 Il y a / Y a-t-il ? / Il n'y a pas

## Il y a

beaucoup de monde.
un problème.
un problème avec mon billet.
des musées.
des musées intéressants.
beaucoup de musées à visiter.
un guide utile.

## Y a-t-il

un restaurant ?
un restaurant bon marché ?
quelque chose à faire ?
quelqu'un à la réception ?
une adresse où se renseigner ?
un train dans l'après-midi ?
des journaux français ?

## Il n'y a pas

d'eau dans ma chambre.
le téléphone chez cette personne.
d'avion à cette heure-là.
beaucoup de monde le matin.

## A5   Hay / ¿ Hay ? / No hay

**Hay**   [αi]
- mucha gente.   [m**ou**tcha j**é**-nté]
- un problema.   [probl**é**ma]
- un problema con mi billete.
- museos.   [mouss**é**oss]
- museos interesantes.   [i-ntéré**ss**a-ntéss]
- muchos museos que visitar.   [bi**ss**itar]
- una guía útil.   [gu**i**-a **ou**til]

**¿ Hay**
- un restaurante ?
- un restaurante barato ?   [barato]
- algo que hacer ?   [**a**lgo ké az**é**r]
- alguien en la recepción ?   [rézépzi**o**n]
- una dirección dónde informarse ?   [direkzi**o**n]
- un tren por la tarde ?   [tr**é**-n por la tardé]
- periódicos franceses ?   [péri**o**dikoss]

**No hay**
- agua en mi habitación.   [**a**goua / abitazi**o**n]
- teléfono en casa de esa persona.   [tél**é**fono]
- avión a esa hora.
- mucha gente por la mañana.   [manyana]

| A5 | Il y a<br>Y a-t-il ?<br>Il n'y a pas | **CONSTRUCTIONS & REMARQUES** |

■ L'expression *il y a* se traduit par **hay**, sauf devant les notions de durée, de temps (voir A17), auquel cas elle se rend par **hace**.

- Hay :
  *Il y a une personne dans le taxi.*
  **Hay una persona en el taxi.**
  *Il n'y a pas de soleil.*
  **No hay sol.**

- Hace :
  *Il y a un mois que je suis à Madrid.*
  **Hace un mes que estoy en Madrid.**

■ Les autres temps se conjuguent de la façon suivante :
  *Il y avait un homme ici.*
  **Había un hombre aquí.**
  *Hier, il y a eu (il y eut) un spectacle de flamenco.*
  **Ayer ha habido (hubo) un espectáculo de flamenco.**
  *Il n'y aura pas de trains demain.*
  **No habrá trenes mañana.**
  *Il y avait longtemps.*
  **Hacía mucho tiempo.**

---

➡ **RETENEZ AUSSI :**

- Les chiffres : (CD)

| | | | | |
|---|---|---|---|---|
| 1 : **uno** | 6 : **seis** | 11 : **once** | 20 : **veinte** | 70 : **setenta** |
| 2 : **dos** | 7 : **siete** | 12 : **doce** | 30 : **treinta** | 80 : **ochenta** |
| 3 : **tres** | 8 : **ocho** | 13 : **trece** | 40 : **cuarenta** | 90 : **noventa** |
| 4 : **cuatro** | 9 : **nueve** | 14 : **catorce** | 50 : **cincuenta** | 100 : **cien** |
| 5 : **cinco** | 10 : **diez** | 15 : **quince** | 60 : **sesenta** | 1000 : **mil** |

■ **REMARQUE** (CD)

- À partir de 16, ils se forment en combinant les dizaines et les unités avec *y*, par contraction, jusqu'à 29

    16 : **dieciséis** ou    21 : **veintiuno** ou    33 : **treinta y tres**
    (diez y seis)    (veinte y uno)

| A5 | Hay<br>¿ Hay ?<br>No hay | ENTRAÎNEZ-VOUS |

**A. Que veut dire en français ?**
 1. Mañana habrá una corrida.
 2. No hay entradas para el espectáculo.
 3. Dos y dos son cuatro.
 4. ¿ Hay paella ?
 5. Hoy no hay visitas.

**B. Comment dire en espagnol ?**
 *1. Il y a eu un accident.*
 *2. Si tu vas dans cette région, il y aura du soleil pendant toutes les vacances.*
 *3. Y a-t-il un cinéma dans ce quartier ?*

**C. Comment dire en espagnol les chiffres suivants ?**
 1. 12 ; 2. 19 ; 3. 11 ; 4. 68 ; 5. 99.

## SOLUTIONS

**A.** *1. Demain, il y aura une corrida.*
 *2. Il n'y a pas de billet d'entrée pour le spectacle.*
 *3. Deux et deux font quatre.*
 *4. Y a-t-il de la paella ?*
 *5. Aujourd'hui, il n'y a pas de visites.*

**B** 1. Ha habido un accidente.
 2. Si vas a esa región, habrá sol durante todas tus vacaciones.
 3. ¿ Hay un cine en este barrio ?

**C.** 1 doce ; 2. diez y nueve ou diecinueve ; 3. once ; 4. sesenta y ocho ; 5. noventa y nueve.

---

| LES **FALLAS** DE SAN JOSE |

Ces fêtes ont lieu à *Valence* du 12 au 19 mars et remontent au Moyen Age. Depuis la fin du XIXe siècle, c'est une manifestation spectaculaire de l'art populaire. Les Valenciens construisent d'immenses scènes en carton pâte à caractère satirique (**fallas**), d'où ils extraient des personnages (**ninots**), qui participent à une cavalcade et un cortège de chars précédés de la reine des **Fallas**, dont on a donné le départ du haut de la *Barbacane* des tours de **Serranos**. Les **ninots**, après un vote populaire pour en *gracier* (**indultar**) un, seront ensuite réinstallés sur leur **falla** d'origine et brûlés sur place ; ce sera la **nit del foc** (*la nuit du feu*) dont le point d'orgue sera *la mise à feu* (**la crema**) de toutes les **fallas**. Dire que c'est spectaculaire est encore bien en dessous de la vérité.

## A6 — Trop, beaucoup, assez, un peu de, quelque chose, quelqu'un

## Trop
Il est trop grand.
Je suis trop fatigué.
Ils sont trop chers.
Il y a trop de touristes.

## Beaucoup
J'aime beaucoup l'Espagne.
Il y a beaucoup de bruit.
Il y a beaucoup de touristes.
J'ai beaucoup de choses à acheter.

## Assez
Je suis assez fatigué.
Avez-vous assez d'argent ?
Je n'ai pas assez de temps.
Il n'y a pas assez de place.

## Un peu de
Je veux un peu de lait.
Pouvez-vous me donner un peu de pain ?
Il y a peu de boutiques dans ce quartier.
Voulez-vous un peu plus de vin ?

## Quelque chose
Il y a quelque chose que je ne comprend pas.
Y a-t-il quelque chose pour moi ?
Je cherche quelque chose à offrir.

## Quelqu'un
Il y a quelqu'un dans ma chambre.
Est-ce que quelqu'un a téléphoné pour moi ?
Je cherche quelqu'un pour jouer au tennis.

## A6 — Demasiado, mucho, bastante, un poco de, algo, alguien

### Demasiado
Es demasiado grande. [démassiado]
Estoy demasiado cansado.
Son demasiado caros. [kaross]
Hay demasiados turistas. [touristass]

### Mucho
Me gusta mucho España. [moutcho]
Hay mucho ruido.
Hay muchos turistas.
Tengo muchas cosas que comprar. [komprar]

### Bastante
Estoy bastante cansado.
¿ Tiene bastante dinero ?
No tengo bastante tiempo.
No hay bastante sitio.

### Un poco de
Quiero un poco de leche. [kiero / létché]
¿ Puede darme un poco de pan ?
Hay pocas tiendas en este barrio.
¿ Quiere un poco más de vino ? [bino]

### Algo
Hay algo que no comprendo. [ko-mpre-ndo]
¿ Hay algo para mí ?
Busco algo para regalar. [boussko]

### Alguien
Hay alguien en mi habitación.
¿ Ha llamado alguien para mí ? [lyamado]
Busco a alguien para jugar al tenis. [jougar]

| | Trop Assez Un peu de | CONSTRUCTIONS & REMARQUES |
|---|---|---|

■ Quelques indéfinis :

| | | | |
|---|---|---|---|
| *quelque chose* | **algo** | *quelqu'un* | **alguien** |
| *quelque* | **alguno** | *aucune* | **ninguno** |
| *rien* | **nada** | *personne* | **nadie** |
| *beaucoup* | **mucho** | *peu* | **poco** |
| *assez* | **bastante** | *trop* | **demasiado** |
| *autre* | **otro** | *certains* | **varios** |

En principe, tous sont invariables devant un adjectif mais ils s'accordent devant un substantif :

| | |
|---|---|
| *assez joli* | **bastante bonito** |
| *assez loin* | **bastante lejos** |
| *assez de clients* | **bastantes clientes** |

| | |
|---|---|
| *peu cher* | **poco caro** |
| *peu de temps* | **poco tiempo** |
| *peu d'années* | **pocos años** |

## ■ REMARQUE

Certains indéfinis perdent la partie finale en présence d'un nom masculin (c'est ce qu'on appelle l'apocope) :

| | |
|---|---|
| **No veo ninguno.** | *Je n'en vois aucun.* |
| **No veo ningún taxi.** | *Je ne vois aucun taxi.* |

Ainsi, **uno** devient **un** ; **alguno** devient **algún** ; **ninguno** devient **ningún**.

➡ **RETENEZ AUSSI :**

| | |
|---|---|
| **es suficiente** | *cela suffit* |
| **¡ basta !** | *cela suffit !* |
| **tengo bastante** | *j'en ai assez* |

➡ **RETENEZ ÉGALEMENT :**

*Un coup de* se rend en espagnol par le suffixe **-azo** :

| | |
|---|---|
| **un pelotazo** | *un coup de ballon* |
| **un telefonazo** | *un coup de téléphone* |

| A6 | Demasiado Bastante Un poco de | ENTRAÎNEZ-VOUS |

### A. Que veut dire en français ?
1. Si hay alguien me lo dice.
2. Tengo muy poco dinero.
3. Deme otra cerveza, por favor.
4. Conozco algunas de esas playas.
5. ¿Puede informarme sobre algún buen hotel ?
6. ¿Cree usted que hay bastantes sillas para todos nosotros ?

### B. Comment dire en espagnol ?
*1. J'en ai assez, merci.*
*2. Nous partons ; il y a trop de bruit.*
*3. J'ai attendu assez de temps !*
*4. Il est trop tard.*
*5. Je n'ai pas assez de temps.*
*6. J'en veux un peu plus.*

## SOLUTIONS

**A.**
*1. S'il y a quelqu'un, vous me le (dites) faites savoir.*
*2. J'ai très peu d'argent.*
*3. Donnez-moi une autre bière, s'il vous plaît.*
*4. Je connais certaines de ces plages.*
*5. Pouvez-vous me renseigner sur un bon hôtel ?*
*6. Croyez-vous qu'il y ait assez de chaises pour nous tous ?*

**B**
1. Tengo bastante, gracias.
2. Nos marchamos ; hay demasiado ruido.
3. ¡ He esperado bastante tiempo !
4. Es demasiado tarde.
5. No tengo bastante tiempo.
6. Quiero un poco más.

---

### LE CLIMAT (**CLIMA**)

Le climat de l'Espagne plutôt (**más bien**) sec, sauf dans la région *cantabrique* septentrionale.
- La *moitié* (**mitad**) méridionale de la *péninsule* (**península**) et les *îles* (**islas**) ont des *températures moyennes* (**temperaturas medias**) supérieures à 17 degrés (**grados**).
- Dans l'autre moitié, la moyenne varie entre 15 et 17 degrés.
- Le centre de l'Espagne – le *plateau* (**meseta**) castillan – a une altitude moyenne de 700 mètres et un climat continental.
- Pour déterminer votre lieu de *vacances* (**vacaciones**), vous pouvez choisir selon l'époque entre les *orangeraies* (**naranjales**) en fleurs du Levant et d'Andalousie au printemps, les *stations de sports d'hiver* (**estaciones de deportes de invierno**) des Pyrénées (**La Molina**), non loin de Barcelone, de la **Sierra Nevada** (près de *Grenade*), ou à une heure de voiture de Madrid (à **Navacerrada** ou à **Somosierra**), sans parler du printemps permanent des îles Canaries. Vous pouvez espérer avoir *beau temps* (**buen tiempo**), quel que soit votre choix.

## A7 Quelle heure ? / Quand ? / Quel jour sommes-nous ?

## Quelle heure est-il ?
## Il est

    dix heures.
    dix heures et quart.
    dix heures et demie.
    midi.
    minuit.
    onze heures moins dix.
    une heure.

## A quelle heure
    allons-nous partir ?
    arrive l'avion de Paris ?
    ouvre le magasin ?
    commence le spectacle ?
    le dîner est-il servi ?

## Quand
    doit-il arriver ?
    voulez-vous jouer au tennis ?
    dois-je payer ?
    viendrez-vous nous voir chez nous ?
    puis-je revenir ?

## Quel jour sommes-nous ?
## Nous sommes
    le 12 octobre.
    mardi.
    en plein mois de mars.

## A7 ¿ Qué hora ? / ¿ Cuánto ? ¿ A cuántos estamos ?

**¿ Qué hora es ?**
**son las**
    diez (en punto).     [diéz]
    diez y cuarto.     [kouarto]
    diez y media.
    doce (del mediodía).
    doce (de la noche).     [notché]
    once menos diez.
**Es la** una.

**¿ A qué hora**
    vamos a salir ?     [bamoss]
    llega el avión de París ?     [lyéga]
    abre la tienda ?
    empieza el espectáculo ?     [é-spektakoulo]
    se sirve la cena ?     [sirbé / zéna]

**¿ Cuándo**
    debe llegar ?
    quiere jugar al tenis ?
    tengo que pagar ?
    vendrá a vernos a nuestra casa ?
    puedo volver ?

**¿ A cuántos estamos ?**
**Estamos**
    a doce de octubre.
    a martes.
    en pleno mes de marzo.

| A7 | Quelle heure ? Quand ? | **CONSTRUCTIONS & REMARQUES** |

## ■ REMARQUE

- Lire l'heure : l'Espagnol ne dira pas :

  *seize heures quarante cinq* mais *cinq heures moins le quart de la matinée*. On annonce toujours l'heure par *son las* : *son las neuve* : il est neuf heures - *a las neuve* : à neuf heures.

  Les *minutes* (**minutos**) et les *secondes* (**segundos**) sont du genre masculin en espagnol :
  **Espere unos minutos.** *Attendez quelques minutes.*
  **¡ Un segundo !** *Une seconde !*

## ➡ RETENEZ AUSSI :

- Les jours de la semaine (CD)

| *lundi* **lunes** | *jeudi* **jueves** |
| *mardi* **martes** | *vendredi* **viernes** |
| *mercredi* **miércoles** | *samedi* **sábado** |
| | *dimanche* **domingo** |

- Les mois de l'année (CD)

| *janvier* **enero** | *juillet* **julio** |
| *février* **febrero** | *août* **agosto** |
| *mars* **marzo** | *septembre* **septiembre** |
| *avril* **abril** | *octobre* **octubre** |
| *mai* **mayo** | *novembre* **noviembre** |
| *juin* **junio** | *décembre* **diciembre** |

N.B. : pour les dates, il faut intercaler deux fois **de** :
*30 mai 1986*    **30 de mayo de 1986**

## ➡ RETENEZ EGALEMENT :

| **La tienda abre de nueve a siete.** | *Le magasin ouvre de 9 h à 19 h.* |
| **Ya es la hora de salir.** | *Il est l'heure de partir.* |
| **Me levanto a las siete y media.** | *Je me lève à 7 h 30.* |
| **Volveré a las doce.** | *Je reviendrai à midi.* |
| **¿ Se puede cenar a las siete ?** | *Peut-on dîner à 19 heures ?* |

| A7 | ¿ Qué hora ?<br>¿ Cuándo ? | **ENTRAÎNEZ-VOUS** |
|---|---|---|

**A. Que veut dire en français ?**
1. Dentro de unos minutos habrá una mesa libre.
2. ¿ A qué hora sale el tren de Madrid ?
3. ¿ Estamos a lunes o a martes ?
4. Los turistas lunes llegan en mayo y se van en septiembre.

**B. Comment dire en espagnol**
1. Demain, nous serons dimanche.
2. Le lundi et le mardi, nous sommes fermés.
3. Au mois d'août, je suis toujours au bord de la mer.
4. Le vendredi, je préfère manger du poisson.

**C. Comment dire en espagnol ces heures ou ces dates ?**
1. 18 h 30 ; 2. 18 h 55 ; 3. 12 h 05 ; 4. 20 h 30 ; 5. 11 heures ; 6. 23 heures.

---

## SOLUTIONS

**A.**
1. *Dans quelques minutes, il y aura une table de libre.*
2. *A quelle heure part le train de Madrid ?*
3. *Sommes-nous lundi ou mardi ?*
4. *Les touristes arrivent en mai et ils s'en vont en septembre.*

**B.**
1. Mañana estaremos a domingo.
2. Los lunes y los martes estamos cerrados.
3. En el mes de agosto estoy siempre a orillas del mar.
4. Los viernes prefiero comer pescado

**C.** 1. las seis y media ; 2. las siete menos cinco ; 3. las doce y cinco ; 4. las ocho y media ; 5. las once (en punto) ; 6. las once de la noche.

---

| L'HOMME ESPAGNOL — **EL HOMBRE ESPAÑOL** |
|---|

- Selon les clichés, l'*Espagnol* est un *Don Juan*, fier et ombrageux comme un *hidalgo*, un peu « macho » – mais « pieux », joueur dans l'âme (la loterie, le bingo, la mort – avec la corrida -), joueur de guitare et danseur de flamenco.
Mais les Espagnols vous diront que ça, c'est *l'Espagne de pacotille* (**España de pandereta**).
- Si le *sens de l'honneur* (**la honra**), la préoccupation de son image, de sa *réputation* (**la fama**), demeurent ancrés en lui, l'Espagnol d'aujourd'hui a beaucoup changé avec le retour de la démocratie, la suppression de la peine de mort, la légalisation du divorce et de l'avortement, la dépénalisation de la drogue et de l'adultère.
- Ceci n'a en rien altéré les caractères fondamentaux que sont la convivialité, l'hospitalité – l'Espagnol vous tutoie facilement et vous invite à *prendre un verre* (**tomar una copa**) ; il vit beaucoup la nuit à **Madrid**, **Ibiza** (« **la movida** »[1]) ou sur la **Costa del Sol**, et il a le sens de la fête.
- Peu raciste (il a « métissé » l'Amérique latine) et tolérant, il est resté attaché aux traditions (la *Semaine Sainte*, le *Carnaval*, la *Royauté* – **Don Juan Carlos** est apprécié de tous les Espagnols -), les langues régionales et retrouve avec les « autonomies »[2] le sens d'une identité régionale forte. (*catalans, basques, galiciens*, etc.).

[1.] voir A12 « les Espagnols branchés ».
[2.] voir A3 et A4.

## A8 — Je veux / Je voudrais / Voulez-vous ? / Désirez-vous ?

### Je veux

un verre d'eau.
une grande voiture.
une grande chambre.
de l'eau.
des magazines français.
plus de lumière.
moins de bruit.

### Je voudrais

prendre un taxi.
boire de la bière.
trouver un bon restaurant.
que vous me répondiez.
que l'on m'apporte du vin.

### Voulez-vous

le journal ?
votre petit déjeuner ?
un taxi ?
une autre tasse de café ?
du poisson ?
du feu ?

### Désirez-vous

attendre ?
plus de pain ?
quelque chose d'autre ?
faire une partie de tennis ?
regarder la télévision ?
que je vous apporte le dîner ?
que nous fassions une promenade ?

## A8   Quiero / Quisiera / ¿ Quiere ? / ¿ Desea ?

### Quiero
    un vaso de agua.
    un coche grande.
    una habitación grande.
    agua.
    revistas francesas.    [ré**b**istass]
    más luz.    [l**ou**z]
    menos ruido.

### Quisiera
    tomar un taxi.    [t**a**ksi]
    beber cerveza.    [zérb**é**za]
    encontrar un buen restaurante.
    que me conteste.
    que me traigan vino.

### ¿ Quiere
    el periódico ?
    su desayuno ?    [desay**ou**no]
    un taxi ?
    otra taza de café ?    [t**a**za]
    pescado ?    [pésk**a**do]
    fuego ?    [fou**é**go]

### ¿ Desea
    esperar ?
    más pan ?
    algo más ?
    jugar un partido de tenis ?
    ver la televisión ?
    que le traiga la cena ?
    que demos un paseo ?

## A8 — Je veux / Je voudrais — CONSTRUCTIONS & REMARQUES

■ **Quiero**, *je veux*, vient du verbe **querer**.

| (yo)       | quiero    | *je veux*     |
|------------|-----------|---------------|
| (tú)       | quieres   | *tu veux*     |
| (él)       | quiere    | *il veut*     |
| (nosotros) | queremos  | *nous voulons*|
| (vosotros) | queréis   | *vous voulez* |
| (ellos)    | quieren   | *ils veulent* |

- **Querer** a plusieurs sens en espagnol :
  a) *vouloir* : **quiero comer**, *je veux manger.*
  b) *aimer* (sens amoureux) : **te quiero**, *je t'aime.*

- **Querer** est irrégulier ; outre la diphtongaison en ***ie*** (**qu*ie*ro**), il présente quelques particularités :
  **querré** : *je voudrai* ; **quise** : *je voulus* ; etc.
  Lorsqu'il est suivi de **que** il se construit au subjonctif :
  **¿ Quiere que conteste ?**   *Voulez-vous que je réponde ?*

■ **REMARQUE**

Normalemant, le conditionnel du verbe **querer** est **querría**, mais il est d'usage de le remplacer par le subjonctif imparfait (**quisiera**) pour l'expression *je voudrais*.

➡ **RETENEZ AUSSI :**

L'expression **me gusta**

Elle équivaut à *j'aime* dans le sens d'*avoir du goût pour quelque chose*. Elle est très courante et a une structure assez particulière : elle est précédée de **a** et d'un pronom (ou d'un nom) ; en outre le verbe s'accorde avec le nom qui suit le verbe :

| **A mí me gusta la paella.**        | *J'aime la paella.*         |
| **A nosotros nos gusta la paella.** | *Nous aimons la paella.*    |
| **A Juan le gusta la paella.**      | *Jean aime la paella.*      |
| **A mí me gustan los helados.**     | *J'aime les glaces.*        |
| **A nosotros nos gustan los helados.** | *Nous aimons les glaces.* |
| **A Juan le gustan los helados.**   | *Jean aime les glaces.*     |

| A8 | Quiero / Quisiera | ENTRAÎNEZ-VOUS |

## A. Que veut dire en français ?
1. Quisiera agua.
2. ¿ Quiere usted que llame un taxi ?
3. Quisiera una cerveza.
4. Desearía comer paella.
5. Me gustaría beber vino.
6. A los turistas les gusta mucho el vino de la región.

## B. Comment dire en espagnol ?
1. *Je voudrais jouer au tennis avec vous.*
2. *Voulez-vous un livre en français ?*
3. *J'aime les vacances.*
4. *Je souhaite visiter la ville.*
5. *J'aime bien la vie espagnole.*
6. *Voulez-vous m'attendre un peu, s'il vous plaît ?*

### SOLUTIONS

**A.**
1. Je voudrais de l'eau.
2. Voulez-vous que j'appelle un taxi ?
3. Je voudrais une bière.
4. Je souhaiterais manger de la paella.
5. J'aimerais boire du vin.
6. Les touristes aiment bien le vin de la région.

**B**
1. Quisiera jugar al tenis con usted.
2. ¿ Quiere usted un libro en francés ?
3. Me gustan las vacaciones.
4. Deseo visitar la ciudad.
5. Me gusta mucho la vida española.
6. ¿ Quiere esperarme un poco, por favor ?

---

LE TOURISME — **EL TURISMO**

C'est au milieu du XX$^e$ siècle, dans les années 50, que le tourisme et l'Espagne se sont rencontrés... grâce à des éléments comme le **Biscúter** ou scooter à deux places. Puis, vinrent la *4 CV Renault* (**cuatro cuatro**) et la **Volkswagen (coccinelle)**, moyens d'« invasion » utilisés par les bénéficiaires des *congés payés* (**vacaciones retribuidas**) de 1936... dont la Seconde Guerre mondiale avait retardé le départ. Ils débarquèrent sur les côtes espagnoles *bon marché* (**baratas**), celle de la Méditerranée (**Costa Brava** au nord de *Barcelone*) et celles du sud (**Costa del Sol**). Ce fut le point de départ du succès d'un tourisme estival, faisant découvrir les joies du soleil et de la mer, et porteur de précieuses devises.

## A9 Ordres et défenses

1. attendez
2. venez
3. aidez-moi
4. revenez
5. répondez
6. appelez
7. écoutez
8. apportez
9. croyez-moi
10. dépêchez-vous
11. arrêtez
12. entrez
13. faites-le
14. laissez
15. ouvrez
16. fermez
17. partez
18. restez
19. prenez-le
20. tenez
21. répétez
22. parlez
23. montrez-le-moi

## A9 Ordenes y prohibiciones

1. **espere**
2. **venga** [b**e**nga]
3. **ayúdeme** [ay**ou**démé]
4. **vuelva** [bou**é**lba]
5. **responda, conteste** [kont**é**ssté]
6. **llame** [ly**a**mé]
7. **escuche**
8. **traiga**
9. **créame**
10. **dese prisa**
11. **pare**
12. **entre**
13. **hágalo**
14. **deje**
15. **abra**
16. **cierre**
17. **váyase**
18. **quédese** [k**é**déssé]
19. **tómelo**
20. **tenga**
21. **repita**
22. **hable**
23. **enséñemelo**

## A9 — Ordres et défenses — CONSTRUCTIONS & REMARQUES

Nous avons réuni les impératifs les plus fréquents et ceux qui pourraient vous être le plus utiles.

- L'impératif espagnol se construit (sauf pour les deuxièmes personnes du singulier et du pluriel) comme le subjonctif. Par exemple, le verbe **comprar** (*acheter*), puisqu'il finit en *ar*, construit son subjonctif en *e* ; l'impératif suivra le même chemin.
- L'impératif de **comprar** sera donc **compre**. Par le même raisonnement, les verbes qui se terminent en *er* comme **responder** ou en *ir* comme **abrir** prendront un *a* au subjonctif : **responda, abra**.
- Pour la forme du tutoiement singulier (deuxième personne) l'impératif espagnol est, hélas ! souvent irrégulier.
- Pour ce qui est de la forme du toiement au pluriel, elle se fait à partir de l'infinitif : on enlève le *r* final et on le remplace par un *d* : ainsi **comprad, venid** et **haced** signifient respectivement *achetez, venez* et *faites*.
- Mais cette forme est plus compliquée à trouver et moins aisée à utiliser pour un néophyte ; pour le moment, essayez de vouvoyer vos interlocuteurs.

Sachez qu'en Amérique latine bien des pays n'utilisent pas cette dernière forme.

### ■ REMARQUES

- Vous trouverez dans la liste de la page précédente uniquement des impératifs employés lorsque vous parlez avec un seul interlocuteur et que vous le vouvoyez. Pour le pluriel il suffit de rajouter un *n* final : **esperen, vengan**, etc.

- Dans le cas de verbes employés avec un pronom ou un article (**ayúdeme** ou **hágalo**), il faut rajouter le *n* juste avant ledit pronom ou ledit article : **ayúdenme, háganlo** (voir pronoms page 132 dans le mémento grammatical).

---

### ➡ RETENEZ AUSSI :
#### L'impératif négatif

Dans ce cas, l'espagnol utilise le subjonctif (voir tableaux dans le mémento grammatical) précédé de la négation **no** : **no compre** (*n'achetez pas*). Lorsqu'il comprend un pronom (ou deux), celui-ci se place entre le **no** et le verbe : **no lo haga** (*ne le faites pas*).

## A9 — Ordenes y prohibiciones — ENTRAÎNEZ-VOUS

**A. Que veut dire en français ?**
1. Deme un poco de agua, por favor.
2. Tráigame lo mismo.
3. Déjelo, ya lo ordenaré yo.
4. Suba el paquete.
5. Abra la puerta.

**B. Comment dire en espagnol ?**
1. *Attendez-moi un instant.*
2. *Fermez la porte, vite.*
3. *Dépêchez-vous*
4. *Ecoutez-moi.*
5. *Entrez.*
6. *Laissez-le.*

---

### SOLUTIONS

**A.**
1. Donnez-moi un peu d'eau, s'il vous plaît.
2. Apportez-moi la même chose.
3. Laissez-le, je le rangerai moi-même.
4. Montez le paquet.
5. Ouvrez la porte.

**B.**
1. *Espéreme un instante.*
2. *Cierre la puerta, deprisa.*
3. *Dese prisa*
4. *Escúcheme.*
5. *Entre.*
6. *Déjelo.*

---

### BARCELONE — **BARCELONE**

- **Barcelone,** cité « comtale » (**ciudad condal**) du fait de ses origines historiques, est une ville fascinante, peut-être plus catalane et européenne qu'espagnole, le *folklore* (**el folclore**) est ailleurs.
- Ville de brassage de population depuis les Grecs et les Phéniciens, ville d'assimilation des immigrés du sud de l'Espagne, ville méditerranéenne par excellence, elle a les yeux ouverts sur le monde industriel du nord de la Méditerranée, avec lequel elle réalisa –*Lombardie* et *Sud-Est français* entre autres – un arc économique puissant qu'elle souhaite revivifier. Port de marchandises, ville industrielle (métallurgie, textile), ville culturelle, ville industrieuse, elle *bouillone* (**borbollonea**) d'idées et de projets.
- Ville olympique en 1992, Barcelone, bien *adossée* (**respaldada**) au statut autonome de la « **Generalitat de Catalunya** », fière de ses activités, essaie curieusement d'unir un intense nationalisme et un internationalisme volontariste. (suite p. 45)
- En 2003, Championnat international de natation et en 2004 : *Forum international des cultures.*

## A10 Je sais / Je crois / Savez-vous ? / Croyez-vous ?

## Je sais (CD)
    où se trouve le garage.
    beaucoup de choses à ce sujet.
    ce que vous voulez.
    que cela vous plaira.

## Je ne sais
    pas aller à la plage.
    rien.
    pas nager.
    pas quel est votre nom.

## Je crois
    qu'il va pleuvoir.
    qu'il a raison.
    que je suis perdu.
    qu'il faut poser la question à quelqu'un.

## Savez-vous
    où il travaille ?
    pourquoi il est en colère ?
    l'adresse ?
    comment on arrive au musée ?

## Croyez-vous
    qu'il viendra ?
    que ce soit possible ?
    qu'on arrivera à l'heure ?
    qu'il fera beau demain ?

## A10 Sé / Creo / ¿ Sabe ? / ¿ Cree ?

**Sé**
    dónde está el garaje.
    muchas cosas al respecto.
    lo que quiere.
    que esto le gustará.    [gousstara]

**No sé**
    ir a la playa.    [playa]
    nada.
    nadar.
    cuál es su nombre.    [koual]

**Creo**
    que va a llover.    [lyober]
    que tiene razón.
    que me he perdido.
    que hay que preguntar a alguien.

**¿ Sabe**
    dónde trabaja ?
    por qué está enfadado ?
    la dirección ?
    cómo se llega al museo ?

**¿ Cree**
    que vendrá ?
    que es posible ?
    que llegaremos a tiempo ?
    que hará buen tiempo mañana ?

## A10 — Je sais / Je crois — CONSTRUCTIONS & REMARQUES

■ *Je sais*

Comme en français, il peut être suivi d'un nom :
**No sé la dirección.**               *Je ne sais pas l'adresse.*
ou d'un verbe :
**No sabe viajar.**                   *Il ne sais pas voyager.*
Le verbe **saber** est très irrégulier.
**No sabes bailar.**                  *Tu ne sais pas danser.*
**No va a venir que yo sepa.**        *Il ne viendra pas, que je sache.*
**No supe decirlo.**                  *Je n'ai pas su le dire.*
**Pronto lo sabrás.**                 *Tu le sauras bientôt.*

■ *Je crois*

**Creer** est un verbe irrégulier.

Il ne faut pas le confondre avec **crear**, qui signifie *créer*. La première personne du présent est commune :

|       | **yo creo**  | signifie   | *je crois* et | *je crée*  |
|-------|--------------|------------|---------------|------------|
| mais  | **tú crees** | *tu crois* | **tú creas**  | *tu crées* |
|       | **yo creía** | *je croyais* | **yo creaba** | *je créais* |

■ **REMARQUES**

• Le verbe **saber** signifie *savoir*, mais également *connaître*. En espagnol, on peut aussi trouver **conocer**. Ainsi la phrase **No sé la dirección del garaje** (*Je ne sais pas l'adresse du garage*) peut se dire également **No conozco la dirección del garaje** (*Je ne connais pas l'adresse du garage*).

• **Saber**, comme en français aussi, est également le substantif signifiant le *savoir*, la *connaissance*.

• Le synonyme de **creer** est **pensar** ; mais il est irrégulier : au présent on dit **pienso**.
  **Pienso que va a llegar pronto.**
  *Je crois (je pense) qu'il va arriver bientôt.*

• Pour les verbes irréguliers voir pages 138 et 139 dans le mémento grammatical.

➡ **RETENEZ AUSSI :**

| **lo sé**          | *je le sais*          |
| **no lo sé**       | *je ne le sais pas*   |
| **no lo creo**     | *je ne le crois pas*  |
| **no le creo**     | *je ne vous crois pas* |
| **no sabría decirle** | *Je ne saurais vous dire* |

| **A10** | Sé<br>Creo | **ENTRAÎNEZ-VOUS** |
|---|---|---|

### A. Que veut dire en français ?
1. No lo sé.
2. ¿ Sabe usted dónde está la estación ?
3. No sabe absolutamente nada al respecto.
4. « Sé que no sé nada. »
5. Pronto sabremos la verdad.
6. Creo que me gustará.

### B. Comment dire en espagnol ?
*1. Je sais pourquoi il est fâché.*
*2. Je croyais qu'il allait nous attendre.*
*3. Je crois qu'il va venir.*
*4. Je sais où il travaille.*

---

### SOLUTIONS

**A.**
*1. Je ne le sais pas.*
*2. Savez-vous où se trouve la gare ?*
*3. Il ne sait rien du tout à ce sujet.*
*4. « Je sais que je ne sais rien ».*
*5. Nous saurons bientôt la vérité.*
*6. Je pense que j'aimerai ça.*

**B.**
1. Sé por qué está enfadado.
2. Creía que iba a esperarnos.
3. Creo que va a venir.
4. Sé donde trabaja.

---

BARCELONE - **BARCELONA** (suite de la p. 42)

• Barcelone et la région catalane vivent aussi du tourisme. Les côtes – **Costa Brava** et **Costa Dorada** – attirent 11 millions de touristes par an. La Ve flotte américaine relache dans le port… ce qui donne une certaine animation au vieux quartier « chaud » de la cité : le **barrio chino**, « ombre et lumière » de Barcelone. Mais ce vieux quartier contigu au port, aux **Ramblas**, au **barrio gótico** (*quartier gothique*), aux ruelles *noircies* (**ennegrecidas**), recèle des *trésors* (**tesoros**) : le musée *Picasso*, **la Lonja** (*l'ancienne Bourse*), l'église de **Santa María del Mar**, la *Place Royale* (**Plaza Real**) et ses *brasseries* (**cervecerías**).

• C'est aussi une ville d'opéra (avec **Montserrat Caballé, Plácido Domingo**) qui a son temple, le théâtre du **Liceo** (3 500 places) sur les **Ramblas**. C'est aussi le lieu privilégié du post-expressionisme : **Juan Gris, Joan Miró, Pablo Picasso, Salvador Dalí** et **Tapiés**. L'architecture y a toujours été en vogue, depuis **Antonio Gaudí**, constructeur de la **Sagrada Familia**, inachevée, du **Parque Güell**, ou d'immeubles notamment, **Casa Mila**, **Casa Battló** sur le **Paseo de Gracia**.

## A11 Pouvez-vous ? / Puis-je ? / Je ne peux pas

**Pouvez-vous** (CD)
- m'indiquer la poste ?
- me prêter votre stylo ?
- parler plus lentement ?
- me donner l'heure ?
- attendre un instant ?
- me rendre un service ?
- appeler un taxi ?
- regarder le niveau d'huile ?
- surveiller mes bagages ?

**Puis-je**
- m'asseoir ici ?
- vous demander quelque chose ?
- prendre ceci ?
- prendre le petit déjeuner à 10 h ?
- avoir les photos pour demain ?
- réserver à l'avance ?
- vous téléphoner dans une heure ?
- consulter l'annuaire du téléphone ?

**Je ne peux**
- pas rester.
- pas vous le donner.
- rien faire.
- rien vous dire.
- pas signer ceci.
- pas monter les escaliers.

## A11 ¿ Puede ? / ¿ Puedo ? / No puedo

## ¿ Puede
    indicarme dónde está Correos ?    [korréoss]
    prestarme su bolígrafo ?
    hablar más despacio ?
    decirme qué hora es ?
    esperar un momentito ?
    hacerme un favor ?
    llamar a un taxi ?
    mirar el nivel del aceite ?    [nibél dé azéité]
    vigilar mi equipaje ?    [bijilar]

## ¿ Puedo
    sentarme aquí ?
    preguntarle algo ?
    coger esto ?
    desayunar a las diez ?    [déssayounar]
    tener las fotos mañana ?
    reservar con antelación ?
    llamarle dentro de una hora ?
    consultar la guía telefónica ?    [téléfonika]

## No puedo
    quedarme.
    dárselo.
    hacer nada.
    decirle nada.
    firmar esto.
    subir las escaleras.    [soubir lass éskalérass]

| A11 | Pouvez-vous ? Puis-je ? | **CONSTRUCTIONS & REMARQUES** |

■ **Puedo**, *je peux*, vient du verbe **poder**. (CD)

| (yo)       | **puedo**    | *je peux*     |
|------------|--------------|---------------|
| (tú)       | **puedes**   | *tu peux*     |
| (él)       | **puede**    | *il peut*     |
| (nosotros) | **podemos**  | *nous pouvons*|
| (vosotros) | **podéis**   | *vous pouvez* |
| (ellos)    | **pueden**   | *ils peuvent* |

• Ce verbe a la particularité de diphtonguer, c'est-à-dire que parfois, une partie du verbe devient ***ue*** au lieu de ***o***. Nous voyons que ce phénomène n'arrive pas à la première et à la deuxième personne du pluriel :

*Pouvez-vous le dire ?*      **¿ Puede decirlo ?**
*Pouvons-nous le dire ?*      **¿ Podemos decirlo ?**

■ Comme en français, **poder** peut être aussi un substantif signifiant le *pouvoir* : **el poder de las armas**, *le pouvoir des armes*.

Pour un degré de politesse plus grand, nous ferons appel au conditionnel :

**¿ Podría llamar a un taxi ?**
*Pourriez-vous appeler un taxi ?*

---

➡ **RETENEZ AUSSI :** (CD)

| **Perdón.** | *Pardon.* |
| **Lo siento.** | *Je suis désolé.* |
| **Lo lamento.** | *Je le regrette.* |
| **Discúlpeme.** | *Excuse-moi.* |
| **No hablo bien español.** | *Je ne parle pas bien l'espagnol.* |
| **¡ Qué pena !** | *Comme c'est dommage !* |

➡ **RETENEZ EGALEMENT :** (CD)

| Les saisons – **Las estaciones** | | | |
|---|---|---|---|
| **primavera** | *printemps* | **otoño** | *automne* |
| **verano** | *été* | **invierno** | *hiver* |

| A11 | Puede ? Puedo ? | ENTRAÎNEZ-VOUS |
|---|---|---|

## A. Que veut dire en français ?
1. ¿ Podría usted prestarme dinero ? Iré al banco mañana.
2. Lo lamento mucho pero no puedo hacerlo.
3. ¿ Podría decirme cuándo abren los bancos.
4. ¿ Puedo pagar en dolares ?
5. ¿ Podría indicarme el camino más corto ?

## B. Comment dire en espagnol ?
*1. Pouvez-vous me dire où nous sommes ?*
*2. Pouvez-vous me prêter votre journal ?*
*3. Pouvez-vous appeler une ambulance ?*
*4. Pouvez-vous me dire le nom de la prochaine gare ?*
*5. Je le regrette ; je ne parle pas bien l'espagnol.*

### SOLUTIONS

**A.** *1. Pouvez-vous me prêter de l'argent ? J'irai à la banque demain.*
*2. Je regrette infiniment, mais je ne peux pas le faire.*
*3. Pourriez-vous me dire quand les banques seront ouvertes ?*
*4. Puis-je payer en dollars ?*
*5. Pourriez-vous m'indiquer le chemin le plus court ?*

**B.** 1. ¿ Puede decirme dónde estamos ?
2. ¿ Puede prestarme su periódico ?
3. ¿ Puede llamar a una ambulancia ?
4. ¿ Puede decirme el nombre de la próxima estación ?
5. Lo siento ; no hablo bien español.

---

#### LE « RASTRO » - EL RASTRO

• Dans le vieux Madrid, non loin de la **Plaza Mayor**, se tient tous les dimanches matin le **Rastro**, Marché aux Puces haut en couleur. Les vendeurs s'installent dans la **Ribera de Curtidores** et dans les rues avoisinantes où ils dressent leurs « étals ».

• En semaine, dans les cours des immeubles on trouve des antiquaires qui offrent un grand choix de meubles et d'objets anciens. On y voit aussi, par secteurs, des artisans et des corps de métiers différents : *vanniers* (**cesteros**), *ferroniers* (**ferreteros**), *bouquinistes* (**libreros de viejo**), *fripiers* (**ropavejeros**) etc. On y retrouve, ainsi que dans les autres villes d'Espagne, tout un monde de petits *marchands ambulants* (**oficios callejeros**) : *cireurs de chaussures* (**limpiabotas**), vendeurs de billets de loterie, et, au coin des rues, des marchands de bandes dessinées, de graines de tournesol et autres babioles qui font les délices des enfants. D'autres vous vendent des cigarettes à l'unité, des allumettes, des cartes postales, des timbres : tout un bureau de tabac (**estanco**).

## A12 Combien ?

**Combien**

    ça coûte ?
    c'est ?
    de temps ?
    en voulez-vous ?
    je vous dois ?
    de temps resterez-vous ?
    d'argent voulez-vous ?
    dois-je payer ?

    de farine ?
    reste-t-il d'essence ?
    de gens viennent-il avec vous ?

    de jours ?
    d'enfants avez-vous ?
    êtes-vous ?
    sont-il ?
    serez-vous ?

    de semaines ?
    de personnes ?

**Depuis combien de temps**

    attendez-vous ?
    habitez-vous ici ?
    êtes-vous marié ?

## A12 ¿ Cuánto ?

**¿ Cuánto**
    cuesta ?                                [kouéssta]
    es ?
    tiempo ?
    quiere ?
    le debo ?
    tiempo se quedará ?          [kédara]
    dinero quiere ?
    debo pagar ?

**¿ Cuánta**
    harina ?                                [arina]
    gasolina queda ?
    gente viene con usted ?    [oussté]

**¿ Cuántos**
    días ?
    hijos tiene ?
    son ustedes ?
    son ?
    serán ustedes ?

**¿ Cuántas**
    semanas ?
    personas ?

**¿ Cuánto tiempo hace que**
    espera ?
    vive aquí ?                           [aki]
    está casado ?                     [kassado]

## A12 Combien ? | CONSTRUCTIONS & REMARQUES

■ Lorsque l'on pose une question sur la quantité, on dit tout naturellement **¿ cuánto ?**

Si **cuánto** est situé devant un substantif, il s'accorde :
- au masculin : **¿ Cuánto tiempo ?**
*Combien de temps ?*
- au féminin : **¿ Cuánta gente ?**
*Combien de gens ?*
- au pluriel masculin : **¿ Cuántos días ?**
*Combien de jours ?*
- au pluriel féminin : **¿ Cuántas horas ?**
*Combien d'heures ?*

■ **REMARQUES**
- En espagnol, *les gens* se traduit par **la gente**.
- La question peut être indirecte et, dans ce cas, on supprime les points d'interrogation :
  **Quiero saber cuántos días tardará.**
  *Je veux savoir combien de jours cela prendra.*
  **No sé cuánta distancia hay hasta Madrid.**
  *Je ne sais pas quelle est la distance jusqu'à Madrid.*
- **Cuánto** peut être aussi exclamatif. Il s'accorde lui aussi :
  **¡ Cuánto calor !**        *Quelle chaleur !*
  **¡ Cuánta gente !**        *Que de monde !*
  **¡ Cuántos turistas !**    *Que de touristes !*
  **¡ Cuántas aventuras !**   *Que d'aventures !*
  (Remarquez ici le point d'exclamation renversé initial.)
- *Depuis combien de temps* : voir aussi **A17**.

---

➡ **RETENEZ AUSSI :**

| | |
|---|---|
| **ayer** | *hier* |
| **mañana** | *demain* |
| **antes de ayer** | *avant-hier* |
| **pasado mañana** | *après-demain* |
| **el otro día** | *l'autre jour* |
| **antiguamente** | *jadis* |
| **cuando quiera** | *quand vous voudrez* |
| **ya veremos** | *on verra* |
| **cuando era pequeño** | *quand j'étais petit* |

| A12 ¿ Cuánto ? | ENTRAÎNEZ-VOUS |
|---|---|

### A. Que veut dire en français ?
1. ¿ Cuánto tiempo durará la excursión ?
2. ¿ Cuántos días puedo quedarme ?
3. ¿ Cuántas personas pueden entrar en este vehículo ?
4. Quiero saber cuánto dinero tengo en mi cuenta.

### B. Comment dire en espagnol ?
1. *Que de gens sur la plage !*
2. *Combien de pesetas pour un euro ?*
3. *Combien de temps dois-je attendre ?*
4. *À combien de kilomètres se trouve la mer ?*

---

### SOLUTIONS

**A.** 1. *Combien de temps durera l'excursion ?*
2. *Combien de jours puis-je rester ?*
3. *Combien de personnes peuvent rentrer dans ce véhicule ?*
4. *Je veux savoir combien d'argent j'ai sur mon compte.*

**B.** 1. ¡ Cuánta gente en la playa !
2. ¿ Cuántas pesetas por un euro ?
3. ¿ Cuánto tiempo tengo que esperar ?
4. ¿ A cuántos kilómetros está el mar ?

---

| LES ESPAGNOLS « BRANCHÉS » : **LA MOVIDA** |
|---|

Après la mort du général Franco en 1976 apparut le « destape » (les seins nus et les revues pornographiques). Ce ne fut qu'une passade !
• Puis à Madrid à la fin des années 70, apparaîtra **la movida** – déjà historique –. C'est un « état d'esprit », un croisement des influences venues d'Europe et des États-Unis. C'est l'alliance de la liberté de pensée et de mœurs. C'est un monde en ébullition fait de fureur de vivre, de jeunesse, d'insouciance et de provocation, qui intègre à la fois l'aire du politique ( comme les « **progres** » pour « **progresistas** » ou nouveaux madrilènes ), de l'économique, de la mode (le style « froissé » d'**Agatha de la Prada**), de la culture *underground* (la « **premaña** », presse marginale madrilène, ou la **Luna de Madrid**, « revue de l'agitation »), l'aire sociale (dans les quartiers « bohème » : **Malasaña, Plaza Chuecas, Calle San Vicente Ferrer**), l'émancipation des femmes (v. **B7**), (avec **Pilar Miró**, cinéaste ou les chanteurs **Massiel et Alaska**).
• La « **movida** », c'est l'irruption de la nouveauté, du changement dans la musique, au café, au théâtre, dans la photo, l'image, la video, les radios FM (**Super García**, la série **ORO**, « **los 33 Antena3** », le nouveau cinéma **Bigas Luna** ou **José Luís García** (un *Oscar* en 1983 pour « **Volver da empezar**) ou **Carlos Saura**.

## A13 Est-ce que… ? / Qu'est-ce que… ?

## Est-ce que
c'est vrai ?
c'est cher ?
c'est difficile ?
c'est possible ?
la route est bonne ?

le restaurant est ouvert ?
c'est loin ?
le service est compris ?
le magasin est ouvert aujourd'hui ?

je peux m'asseoir ?
je peux téléphoner ?
vous acceptez les cartes de crédit ?
vous avez du pain ?
vous vendez des piles ?
vous pouvez répéter la question ?

## Qu'est-ce
que c'est ?
qu'il se passe ? (que se passe-t-il ?)
qu'il y a ?
que je peux faire ?
que je dois faire ?
que je vous dois ?

que vous voulez ?
que vous faites ?
que vous prenez ?
que vous préférez ?

qu'il a dit ?
qu'il prend ?
que nous allons faire ?

## A13 ¿ ... ? / ¿ Qué... ?

¿ Es
    verdad ?    [berdad]/[bérdaz]*
    caro ?    * Voir prononciation p.128
    difícil ?
    posible ?
    buena la carretera ?

¿ Está
    abierto el restaurante ?
    lejos ?
    incluído el servicio ?
    abierta la tienda hoy ?

¿ Puedo sentarme ?
¿ Puedo llamar (telefonear) ?
¿ Acepta las tarjetas de crédito ?
¿ Tiene pan ?
¿ Vende pilas ?    [béndé]
¿ Puede repetir la pregunta ?

¿ Qué
    es ?
    pasa ?
    hay ?
    puedo hacer ?
    debo hacer ?
    le debo ? (¿ cuánto le debo ?)

    quiere ?
    hace ?
    toma ?
    prefiere ?

    ha dicho ?    [ditcho]
    toma ?
    vamos a hacer ?

| A13 | Est-ce que ? Qu'est-ce que ? | **CONSTRUCTIONS & REMARQUES** |

■ Il est très simple en espagnol de poser une question. A vrai dire, il n'existe pas de structure particulière pour la question ; à l'oral, la différence entre **está lejos** (*c'est loin*) et **¿ está lejos ?** (*est-ce loin ?*) tient à l'intonation montante typique des questions.

## ■ RAPPEL

A l'écrit, la structure de phrase est la même qu'à la forme affirmative et la seule différence réside dans le point d'interrogation inversé initial : **¿ está lejos ?**

- Parfois, il est utile d'inverser le sujet et le verbe :
  *Est-ce que la route est bonne ?*
  **¿ Es buena la carretera ?**

- Tout simplement, nous pouvons dire que *Est-ce que... ?* se traduit par le seul point d'interrogation.

- *Qu'est-ce que...* se traduit tout naturellement par **qué** précédé du point d'interrogation :
  *Qu'est-ce que vous voulez ?*   **¿ Qué quiere ?**

- La question peut être indirecte et, dans ce cas, on supprime les points d'interrogation :
  **Quiero saber qué quieren.**
  *Je veux savoir ce qu'ils veulent.*

## ■ REMARQUE

**Qué** peut être aussi exclamatif :
**¡ Qué calor !**           *Quelle chaleur !*
**¡ Qué aventuras !**       *Que d'aventures !*

## ➡ RETENEZ AUSSI :

**No sabemos qué hacer.**
*Nous ne savons pas quoi faire.*
**Dígame qué tengo que pagar.**
*Dites-moi ce que je dois payer.*
**¿ Qué piensa usted ?**
*Qu'en pensez-vous ?*
**¡ Qué temperatura tan agradable !**
*Quelle température agréable !*

| A13 | ¿ … ?  ¿ Qué… ? | ENTRAÎNEZ-VOUS |
|---|---|---|

**A. Que veut dire en français ?**
1. ¿ Puedo entrar ?
2. ¿ Quiere venir ?
3. ¿ Está cerca ?
4. ¿ Qué hay para comer ?
5. ¿ Qué quiere beber ?

**B. Comment dire en espagnol ?**
1. Est-ce que c'est cher ?
2. Est-ce que c'est bon marché ?
3. Est-ce que c'est l'heure ?

## SOLUTIONS

**A.**
1. Est-ce que je peux entrer ?
2. Est-ce que vous voulez venir ?
3. Est-ce que c'est près ?
4. Qu'est-ce qu'il y a à manger ?
5. Qu'est-ce que vous voulez boire ?

**B.** 1. ¿ Es caro ?   2. ¿ Es barato ?   3. ¿ Es la hora ?

---

### LES APPORTS DE L'ISLAM

- De 711 – le débarquement arabe – à la fin de la reconquête (1492 : prise de Grenade), les musulmans ont profondément et durablement marqué l'Espagne dans bien des domaines :

*agriculture* : techniques d'irrigation (noria et canalisations), plantes alimentaires (riz, blé dur, canne à sucre, pastèques, abricots, artichauts, melons) ou industrielles (coton).

*textile* : soie, coton.

*cuisine* : (riz, safran) pâtisserie ; ***fleurs et parfums*** : le jasmin.

*colorants* : l'indigo, le henné ; ***élevage*** : la transhumance ; ***commerce*** : développement des ports de Séville et Malaga. ; ***exploitation des mines*** : argent, cuivre et mercure (à **Almadén** « Al madan », *la mine*) ; ***l'industrie et l'artisanat*** : (poterie avec les carreaux **azulejos** à dominante bleue ou reflets métalliques (**Manises** près de *Valence*), ou fabrication de papier dès 1150 ; ***la langue*** : vocabulaire des métiers : **albañil** (*maçon*), des plantes (**arroz** : *riz*), des fleurs (**azahar** : fleur d'oranger) ;

*la toponymie* : Benicarlo (**Ben** : *fils de…*), la **Alhambra** (qalaat Al Hamra, *le château rouge*), **Guadalquivir** (oued el Khebir) ; ***l'architecture*** : l'arc en fer à cheval (**herradura**) ; les témoins de perfection abondent : **l'Alcazar** (*château*) et la tour de la **Giralda** à Séville ;

*l'art des jardins* : avec le chef d'œuvre du **Generalife** (*Jinnah al' Arif - Le jardin suprême*) à Grenade.

- L'islam inroduisit en Europe la pensée grecque, la philosophie, les arts, les lettres, les sciences exactes, la médecine, la chirurgie ! (**Abenmasara** poète du X$^e$ siècle, **Averroes** du XII$^e$, **Abulcasis** médecin du X$^e$).

*Cordoue* était siège du califat, capitale du monde arabe, une des plus grandes villes du monde (avec parfois des pèlerins de *St Jacques de Compostelle* comme visiteurs !)

- Ce fut durant un temps une époque de cohabitation, de bilinguisme, de tolérance religieuse avec en Espagne la coexistence des trois cultures : juive, arabe et chrétienne, dont le juif ***Maimónides*** pourrait être le symbole : philosophe, rabbin, médecin, il servit d'interface et termina sa vie comme médecin de la cour d'Égypte.

## A14 La chambre de Jean

**C'est**
    la chambre de Jean.
    le livre de Pierre.
    la chambre des enfants.

    mon livre.
    ma maison.
    ta femme.
    notre table.
    sa chambre.
    leur chambre.

    le chapeau de mon père.
    la maison de nos voisins.
    le livre de mon fils.

    Ce livre est à moi.
    Ce livre est le mien.
    Cette clé est à moi.
    Cette clé est la mienne.

    C'est le tien ?
    C'est la tienne ?

    Ce cadeau est le nôtre.
    Cette maison est la nôtre.

**Ce sont**
    mes enfants.
    mes valises.

## A14 La habitación de Juan

**Es**
  la habitación de Juan. [abitazion]
  el libro de Pedro.
  la habitación de los niños.

  mi libro.
  mi casa.
  tu mujer.                              [moujér]
  nuestra mesa.
  su habitación.
  su habitación.

  el sombrero de mi padre.
  la casa de nuestros vecinos.
  el libro de mi hijo.

  Este libro es mío.
  Este libro es el mío.
  Esta llave es mía.
  Esta llave es la mía.

  ¿ Es el tuyo ?
  ¿ Es la tuya ?

  Este regalo es el nuestro.
  Esta casa es la nuestra.

**Son**
  mis hijos.
  mis maletas.

## A14 — La chambre de Jean — CONSTRUCTIONS & REMARQUES

- En espagnol, la possession est indiquée par la préposition **de** :
  **la casa de Pedro**   *la maison de Pierre*
  **los hijos de Juan**   *les enfants de Jean*

- Les adjectifs possessifs

| singulier | pluriel |
|---|---|
| **mi** *mon, ma* | **mis** *mes* |
| **tu** *ton, ta* | **tus** *tes* |
| **su** *son, sa* | **sus** *ses* |
| **nuestro (a)** *notre* | **nuestros (as)** *nos* |
| **vuestro (a)** *votre* | **vuestros (as)** *vos* |
| **su** *leur* | **sus** *leurs* |

Ils se placent devant le nom et ne s'accordent qu'au pluriel :
**mi padre**   **mi madre**   **mis libros**
*mon père*   *ma mère*   *mes livres*

- Les pronoms possessifs

| singulier | pluriel |
|---|---|
| **mío, mía** *mien, mienne* | **míos, mías** *miens, miennes* |
| **tuyo, tuya** *tien, tienne* | **tuyos, tuyas** *tiens, tiennes* |
| **suyo, suya** *sien, sienne* | **suyos, suyas** *siens, siennes* |
| **nuestro, (a)** *nôtre* | **nuestros (as)** *nôtres* |
| **vuestro (a)** *vôtre* | **vuestros (as)** *vôtres* |
| **suyo, suya** *leur* | **suyos, suyas** *leurs* |

Ils se placent après le nom et s'accordent au masculin, au féminin et au pluriel :
**este libro es el mío**   *ce livre est le mien*
**estas fotos son las mías**   *ces photos sont les miennes*

## ■ REMARQUES

- Attention à la signification de *votre* et *vos*, selon que vous vous adressez à un groupe que vous tutoyez, à un groupe que vous vouvoyez, ou à une seule personne que vous vouvoyez :
  *votre maison* (les enfants)   **vuestra casa**
  *votre maison* (monsieur)   **su casa**
  *votre maison* (messieurs)   **su casa**

- Pour la même raison, **su** signifiera aussi *son, sa* et *leur* :
  **su casa** *sa maison, leur maison, votre maison*

## A14 — La habitación de Juan — ENTRAÎNEZ-VOUS

**A. Que veut dire en français**
1. Es el mío.
2. ¿ Es la vuestra ?
3. ¿ Dónde están nuestras maletas ?
4. Esto no es mío.

**B. Comment dire en espagnol ?**
1. *Notre chambre.*
2. *Nos enfants.*
3. *C'est ma chambre ; ce n'est pas la vôtre, monsieur.*
4. *Votre voiture est ici, monsieur.*

## SOLUTIONS

**A.**
1. C'est le mien.
2. Est-ce la vôtre ?
3. Où sont nos valises ?
4. Ceci n'est pas à moi.

**B.**
1. Nuestra habitación.
2. Nuestros hijos.
3. Es mi habitación ; no es la suya, señor.
4. Su coche está aquí, señor.

---

### LES GITANS — LOS GITANOS

- Originaires vers 1525 des confins incertains de la « Petite Egypte » (Inde, Iran, Asie mineure), ils furent appelés à leur arrivée les « Egyptiens », **Egipcios** et **Egiptanos** d'où viendra **Gitanos**.
- Le peuple nomade du nord de l'Inde portera le nom de *Tsiganes* et la langue, le *Romani* fait partie des langues neo-indiennes.
- Les **Rom** sont les derniers arrivés en Europe ; les **Sinté** ou **Manouches** se sont installés en Italie, Allemagne et France.
- Chassés par les musulmans, les *Gitans* furent bien accueillis en Espagne où on les considéra comme « princes d'Egypte », mais ils furent rapidement condamnés par le pape à l'errance perpétuelle (1499), traités alors de mendiants et de vagabonds, et bannis.
- L'inquisition les sédentarisa un peu, mais jusqu'au XVIIe siècle ils furent pourchassés (10 000 sont prisonniers en 1749 des arsenaux et des forteresses !)
Au XIXe siècle des raisons économiques font relâcher la pression, mais leur langue, le **caló**, demeure interdite !
- À la fin du XVIIIe siècle et durant le XIXe, c'est surtout en Andalousie qu'ils s'intègrent et que le métissage y apparaît.
- Les **Gitans** ont assimilé le folklore du sud andalou, la liturgie byzantine et les prières juives psalmodiées, les rythmes et les mélodies arabes… ce qui a fait souvent d'eux les meilleurs interprètes du **Cante Jondo** et du **flamenco**.
En 1939, l'un deux, **Juan de Dios Ramírez Heredia** devint député aux **Cortes** espagnols.

# A15 Comment ? / Pourquoi ?

## Comment

vas-tu ?
allez-vous ?
va votre femme ?
ça marche ?
dit-on *viande* en espagnol ?
vous appelez-vous ?
fonctionne cet appareil ?

## Je ne sais pas comment

vous remercier.
je dois faire.
aller à la gare.
revenir.

## Pourquoi

voulez-vous revenir ?
dois-je payer ?
ne restez-vous pas ?
ne venez-vous pas avec nous ?
faut-il partir ?
partez-vous ?
le téléphone ne marche-t-il pas ?
je ne peux pas ?
n'appelles-tu pas un docteur ?


avez-vous appelé ?
voulez-vous un tournevis ?
devons-nous nous lever si tôt ?

## Et pourquoi pas ?

## A15 ¿ Cómo ? / ¿ Por qué ? / ¿ Para qué ?

**¿ Cómo**
    estás ? (¿ Qué tal ?)
    está usted ?
    está su mujer ?
    funciona ?
    se dice *viande* en español ?
    se llama ?
    funciona este aparato ?   [founziona]

**No sé cómo**
    darle las gracias.   [graziass]
    tengo que hacer.
    ir a la estación.
    regresar.

**¿ Por qué**
    quiere volver ?
    tengo que pagar ?
    no se queda ?
    no se viene con nosotros ?
    hay que irse ?
    se va ?
    no funciona el teléfono ?
    no puedo ?
    no llamas a un doctor ?

**¿ Para qué**
    ha llamado ?
    quiere un destornillador ?
    tenemos que levantarnos tan temprano ?

**Y ¿ por qué no ?**

## A15 — Comment ? Pourquoi ? — CONSTRUCTIONS & REMARQUES

■ Il y a deux formes pour dire *pourquoi ?* en espagnol :

La plus courante est **¿ por qué ?** qui indique la <u>cause</u> :
**¿ Por qué llegas tarde ?**
*Pourquoi arrives-tu en retard ?*
**¿ Por qué no vienes ?**
*Pourquoi ne viens-tu pas ?*

Il existe aussi **¿ para qué ?** qui indique le <u>but</u> dans le sens français de *à quoi bon ?* :
**¿ Para qué necesito el pasaporte ?**
*Pourquoi ai-je besoin du passeport ?*
**¿ Para qué quieres el coche ?**
*Pourquoi as-tu besoin de la voiture ?*

## ■ RAPPELS

- Les questions, à l'écrit, commencent par ¿
- Les adverbes interrogatifs sont toujours accentués :
  **¿ Dónde ?**   *Où ?*
  **¿ Cuándo ?**   *Quand ?*

  On trouve cet accent même dans le style indirect :
  **Dime dónde está.**
  *Dis-moi où il est.*
  **Dime cuándo viene.**
  *Dis-moi quand il vient.*

## ■ REMARQUE

Les salutations : la formule **¿ Cómo está (usted) ?**, *Comment allez-vous ?* se dit plus couramment **¿ Qué tal ?**

---

### ➡ ASTUCE À RETENIR :

Différence entre *pourquoi ?* et *parce que*.
Il suffit de penser qu'ils sont « à l'envers du français » :
*pourquoi ?* (en un mot) se dit **¿ por qué ?** (en deux mots)
*parce que* (deux mots) se dit **porque** (en un seul mot)

| A15 | ¿ Cómo ?<br>¿ Por qué ?<br>¿ Para qué ? | **ENTRAÎNEZ-VOUS** |
|---|---|---|

**A. Que veut dire en français ?**
 1. ¿ Por qué no habla español ?
 2. ¿ Cómo tengo que pagar ?
 3. ¿ Qué tal está su esposa ?
 4. ¿ Cómo va a venir usted ?
 5. Ahora ya sé cómo se prepara la paella.

**B. Comment dire en espagnol ?**
 *1. Comment dit-on en espagnol… ?*
 *2. Pourquoi voulez-vous payer maintenant ?*
 *3. À quoi bon sortir de l'hôtel ?*
 *4. Dans quel but devons-nous arriver à cette heure là ?*

---

### SOLUTIONS

**A.** *1. Pourquoi ne parlez-vous pas espagnol ?*
 *2. Comment dois-je payer ?*
 *3. Comment va votre femme ?*
 *4. Comment allez-vous venir ?*
 *5. Je sais maintenant comment on prépare la paella.*

**B.** 1. ¿ Cómo se dice en español… ?

 2. ¿ Por qué quiere pagar ahora ?

 3. ¿ Para qué salir del hotel ?

 4. ¿ Para qué tenemos que llegar a esa hora ?

---

MUSIQUE POPULAIRE LATINO-AMERICAINE
**MÚSICA POPULAR LATINOAMERICA**

La musique latino-américaine connue en Europe est essentiellement celle des *Caraïbes* (**rumbas, congas, cha-cha-cha**), la *mexicaine* (**rancheras, bambas**), *l'andine* (avec des instruments comme la **quena** et le **siku**), sans oublier les *tangos argentins*, les chansons **d'Atahualpa Yupanqui** et les **cuecas** de **Violeta Parra**. Mais, il existe aussi des morceaux très gais et très rythmés, spécialement en *Colombie* et au *Vénézuela*, pays où le métissage culturel produit une musique très originale. Et un style particulier, celui de la **Nueva Trova** cubaine.

## A16 Je dois / Il faut

**Je dois**
changer de l'argent.
téléphoner.
prendre l'avion.
aller à l'hôpital.
réserver une chambre.

**Je ne dois pas (Il ne faut pas)**
fumer beaucoup.
l'oublier.
arriver en retard.
vous le dire.

**Vous devez (Il faut)**
prendre le train.
être de retour à minuit.
rester ici.
vous rappeler notre accord.
me dire la vérité.

**Vous ne devez pas (Il ne faut pas)**
arriver en retard.
vous garer ici.
faire cela.
fumer ici.
faire du bruit.
oublier de me prévenir.

## A16 Tengo que / Hay que

### Tengo que
- cambiar dinero.
- llamar por teléfono.
- coger el avión. [abi-on]
- ir al hospital.
- reservar una habitación.

### No tengo que (No hay que)
- fumar mucho. [foumar]
- olvidarlo.
- llegar con retraso.
- decírselo.

### Tiene que (Hay que)
- coger el tren. [kojér]
- estar de vuelta a las doce.
- quedarse aquí.
- recordar nuestro acuerdo. [rékordar]
- decirme la verdad.

### No tiene que (No hay que)
- llegar con retraso.
- aparcar aquí. [aparkar]
- hacer eso.
- fumar aquí.
- hacer ruido. [rouido]
- olvidar de avisarme. [olbidar]

## A16 — Je dois / Il faut — CONSTRUCTIONS & REMARQUES

■ L'idée d'obligation, en espagnol, se rend le plus souvent par **tener que**. On rencontre également **haber de** ou **deber** :

*Je dois aller à Madrid.*   **Tengo que ir a Madrid.**
  **He de ir a Madrid.**
  **Debo ir a Madrid.**

• Dans ces phrases, nous trouvons toujours un infinitif. (Remarquons qu'en français l'obligation se rend aussi par la formule *Il faut que j'aille à Madrid* et que nous avons aussi la possibilité d'employer un subjonctif.)

■ Pour la formule impersonnelle (*il faut*), l'espagnol utilise **hay que** :

**Hay que comer para vivir.**
*Il faut manger pour vivre.*

D'autres formules sont possibles : **se debe, es preciso, es necesario** :

  **Se debe comer para vivir.**
  **Es preciso comer para vivir.**
  **Es necesario comer para vivir.**

---

➡ **RETENEZ :**
| | |
|---|---|
| **prohibido** | *interdit* |
| **está prohibido** | *c'est interdit* |
| **prohibido pescar** | *pêche interdite* |
| **prohibido fumar** | *interdit de fumer* |

➡ **RETENEZ EGALEMENT :**
| | |
|---|---|
| ¿ A quién hay que creer ? | *Qui faut-il croire ?* |
| ¿ Qué hay que hacer ? | *Que faut-il faire ?* |
| ¿ A quién tengo que pagar ? | *À qui dois-je payer ?* |
| ¿ Dónde tengo que sentarme ? | *Où dois-je m'asseoir ?* |

| A16 | Tengo que / Hay que | ENTRAÎNEZ-VOUS |
|---|---|---|

### A. Que veut dire en français ?
1. Tengo que ir a Madrid.
2. Es necesario tener mucho dinero para viajar.
3. Si quiere visitar el museo debe aparcar ahí.

### B. Comment dire en espagnol ?
1. Il faut que tu viennes.
2. Il faut que je passe à l'hotel à 10 heures.
3. Vous devez signer ici.
4. Il fallait me le dire avant.

---

#### SOLUTIONS

**A.**
1. Je dois aller à Madrid.
2. Il faut avoir beaucoup d'argent pour voyager.
3. Si vous voulez visiter le musée, vous devez vous garer là..

**B.**
1. Tienes que venir.
2. Tengo que pasar por el hotel a las 10.
3. Tiene que firmar aquí.
4. Tenía que decirmelo antes.

---

#### LE FOLKLORE ESPAGNOL – **EL FOLCLORE ESPAÑOL**

• Le **Flamenco** en est l'aspect le plus connu, mais on connaît moins les autres danses et chants péninsulaires et insulaires.

• En *Galice* la joyeuse **muñeira** est accompagnée de la cornemuse comme toutes ses autres danses, qui sont probablement les plus belles du pays. La **jota** est un rythme que l'on danse pratiquement dans toute l'Espagne, mais c'est en *Aragon* qu'elle est la plus célèbre.

• Le folklore des iles est très connu : tout le monde connaît le **boléro**, rythme typique des *Baléares*. Les **isas** et les **folías** des *Canaries* sont de très beaux rythmes mélancoliques, que l'on danse au son du **timple**, petite guitare qui ressemble au **charango** latino-américain.

• Le folklore *basque* est très particulier : les danses masculines sont accompagnées par le **txistu**, espèce de flûte ou de clarinette, et le **tamboril** ; les danseurs lèvent la jambe par-dessus la tête (**aurresku**). Les chœurs, composés surtout d'hommes seuls, sont très harmonieux (**zorcicos**).

• En *Catalogne* on danse la *sardane*, accompagnée de la **cobla**, petit groupe musical composé d'instruments à vent.

## A17 Hier / Il y a / Depuis / L'année dernière

### Hier
il a plu tout le temps.
nous sommes allés à une corrida.
je n'ai pas dîné.
nous nous sommes levés tôt.

### Il y a une heure
que le train est passé.
que j'attends cet appel.
qu'il est arrivé.
que j'ai déjeuné.
j'étais encore à Paris.

### Depuis
hier il fait beau.
1980 je passe mes vacances à Alicante.
mardi nous n'allons pas à la plage.
cinq heures du matin on entend un bruit bizarre.

trois jours je suis à cet hôtel.
un an je suis diabétique.
une demi-heure il n'a pas répondu.
quelque temps il est bizarre.

### L'année dernière
il n'y avait pas d'arbres dans cette rue.
j'ai passé mes vacances chez moi.
nous n'avons pas pu venir.
je n'ai pas visité ce musée.

## A17   Ayer / Hace / Desde hace / El año pasado

## Ayer
    llovió todo el día.
    fuimos a una corrida. [fouimoss a **ou**na korrida]
    no cené.
    nos levantamos temprano.

## Hace una hora
    que pasó el tren.
    que espero esta llamada.
    que llegó.
    que comí.
    estaba todavía en París. [todabia]

## Desde
    ayer hace buen tiempo.
    1980 veraneo en Alicante.
    el martes no vamos a la playa. [playa]
    las cinco de la madrugada se oye un ruido raro.

## Desde hace
    tres días estoy en este hotel.
    un año soy diabético/a.
    media hora no me ha contestado.
    algún tiempo está raro.

## El año pasado
    no había árboles en esta calle.
    pasé las vacaciones en mi casa.
    no pudimos venir.
    no visité este museo.

## A17 — Hier / Il y a / Depuis — CONSTRUCTIONS & REMARQUES

■ Le temps du passé est le <u>preterito perfecto</u> (correspondant au passé simple et au passé composé français). Il s'emploie pour désigner des actions ou des situations finies, écoulées au moment où l'on parle :

**Fui al cine con Paco.**
*Je suis allé au ciné avec Paco.*
**Vi a Pedro con su hermano.**
*J'ai vu Pierre avec son frère.*

■ Le <u>passé composé</u> ne s'utilise que lorsque l'action dont on parle est rattachée au présent ou qu'elle se déroule encore :

**He sacado una foto : mira.**
*J'ai pris une photo : regarde.*
**He vivido mucho tiempo en España.**
*J'ai longtemps vécu en Espagne.*
(et je vais t'en parler, ou j'y habite encore)

■ **REMARQUES**
Traduction de *depuis :*

- **desde** : quand il indique <u>le point de départ</u> :
   **Vivo aquí desde 2002.**
   *J'habite ici depuis 2002.*

- **desde hace** *:* lorsqu'il indique <u>une durée</u> :
   **Vivo aquí desde hace 10 años.**
   *J'habite ici depuis 10 ans.*

---

➡ **RETENEZ AUSSI :**
| | |
|---|---|
| el año pasado | *l'année dernière* |
| el mes pasado | *le mois dernier* |
| la semana pasada | *la semaine dernière* |
| en la Edad Media | *au Moyen Age* |
| antiguamente | *autrefois* |
| cuando quiera | *quand vous voudrez* |

➡ **RETENEZ EGALEMENT :**
| | |
|---|---|
| acabo de llegar | *je viens d'arriver* |
| voy a dormir | *je vais dormir* |

## A17 — Ayer / Hace / Desde hace — ENTRAÎNEZ-VOUS

**A. Que veut dire en français ?**
1. El mes pasado vi a Manolo.
2. Acabo de ver a Manolo.
3. Cervantes murió en 1616.
4. Los musulmanes invadieron España en el año 711.

**B. Comment dire en espagnol ?**
1. *Je suis allé voir l'Expo de Séville ; c'était magnifique.*
2. *Il y a eu un accident sur la route de Madrid.*
3. *Hier, j'ai pris le train de 9 heures.*

### SOLUTIONS

**A.**
1. *Le mois dernier j'ai vu Manolo.*
2. *Je viens de voir Manolo.*
3. *Cervantes est mort en 1616.*
4. *Les musulmans ont envahi l'Espagne en 711.*

**B.**
1. He ido a ver la Expo de Sevilla ; era magnífico.
2. Ha habido un accidente en la carretera de Madrid.
3. Ayer tomé el tren de las 9.

---

### LES JEUX — **LOS JUEGOS**

L'Espagnol est un joueur invétéré ; il a à sa disposition trois sortes de jeux typiquement espagnols très populaires.

- Les **quinielas** : il s'agit de pronostics sur les matches de football. Le joueur remplit des bulletins où figurent 14 matches, il doit en deviner les résultats et pour cela il doit inscrire « 1 » s'il pense que c'est l'équipe *qui joue chez elle* (**que juega en casa**) qui va gagner, « 2 » s'il pense que c'est *l'équipe qui se déplace* (**el visitante**) et « X » s'il pense que la rencontre finira par *un match nul* (**un empate**). Une **quiniela** de 14 bons résultats est plus difficile à deviner qu'une de 13 ou 12 (qui rapportent beaucoup moins que celle de 14).

- La *loterie nationale* (**lotería nacional**) a une concurrente : *la loterie des aveugles* Tous les jours et dans chaque province les *billets* (**cupones**) sont vendus par les *aveugles* (**los ciegos**) dans la rue, leur loterie LA ONCE est devenue une multinationale.

- Le **Bingo** se joue dans des locaux spéciaux. Les joueurs achètent des *cartons* (**cartones**) qui portent des chiffres écrits. Si tous les chiffres tirés au hasard sont sur le carton de l'un des joueurs on dit que celui qui annonce *chante* (**canta**) ¡ **Bingo** !

# A18 — À / En / Au / Sur / Dans

## A

Je travaille *à* Madrid.
Il est né *à* Séville.

Je vais *à* Séville.
Je dois rentrer *à* Madrid.

## En

Je vis *en* Espagne.
Je l'ai acheté *en* France.

Je vais *en* Andalousie.
Nous rentrons *en* Belgique.

## Au

Ma voiture est *au* sous-sol.
Je souhaite passer mes vacances *au* Portugal.

Nous voulons descendre *au* sous-sol.
Je vais *au* deuxième étage.

## Sur

Cette nuit, nous dormirons *sur* la Côte d'Azur.
Toute la famille est *sur* la plage.

Je suis content de revenir *sur* la Cote d'Azur.
Nous allons *sur* la plage.

## Dans

Je préfère manger *dans* ma chambre.
Dormir *dans* la voiture.

Je monte un instant *dans* ma chambre.
Nous allons *dans* mon quartier.

## A18 A / En

**En**
Trabajo *en* Madrid.
Nació *en* Sevilla.  [sébilya]

**A**
Voy *a* Sevilla.
Tengo que volver *a* Madrid.

**En**
Vivo *en* España.
Lo he comprado *en* Francia.

**A**
Voy *a* Andalucía.
Volvemos *a* Bélgica.  [béljika]

**En**
Mi coche está *en* el sótano.
Quiero pasar las vacaciones *en* Portugal.

**Al**
Queremos bajar *al* sótano.
Voy *al* segundo piso.

**En**
Esta noche dormiremos *en* la Costa Azul. [kossta azoul]
Toda la familia está *en* la playa.

**A**
Estoy contento de volver *a* la Costa Azul.
Vamos *a* la playa.

**En**
Prefiero comer *en* mi habitación.
Dormir *en* el coche.

**A**
Subo un instante *a* mi habitación.
Vamos *a* mi barrio.

# A18 — À / En — CONSTRUCTIONS & REMARQUES

■ Les prépositions espagnoles **a** et **en** s'utilisent d'une manière stricte et systématique :

- **a** s'emploie toujours après un verbe impliquant un déplacement ou pour indiquer la destination :

> **Voy a Portugal.**
> *Je vais au Portugal.*

- **en** s'emploie pour indiquer le lieu où se situe l'action du verbe :

> **Ceno en el restaurante.**
> *Je dîne au restaurant.*

Notons que le français utilisera les mêmes prépositions que dans le cas précédent (déplacement) :

> **Voy a Holanda ; estoy en Holanda.**
> *Je vais en Hollande ; je suis en Hollande.*
> **Voy a París ; estoy en París.**
> *Je vais à Paris ; je suis à Paris*

## ■ REMARQUE

À la place d'un verbe, nous pouvons trouver aussi un nom :

> **Un viaje a París.**
> *Un voyage à Paris.*
> **Una comida en el restaurante.**
> *Un repas au restaurant.*

---

### ➡ RETENEZ AUSSI :

**En** s'utilise aussi pour indiquer la localisation dans le temps :

| | |
|---|---|
| **en Navidad** | *à Noël* |
| **en la Edad Media** | *Au Moyen Age* |

### ➡ RETENEZ EGALEMENT :

| | | | |
|---|---|---|---|
| **a pesar de** | *malgré* | **encima de** | *au-dessus de* |
| **debajo de** | *sous* | **al lado de** | *à côté de* |
| **alrededor de**[1] | *autour de* | **en torno a** | *autour de* |
| **en frente de** | *en face de* | **frente a** | *face à* |
| **por encima de** | *au-dessus de* | **por debajo de** | *au-dessous de* |

1. Voir p. 81.

| A18 | A / En | ENTRAÎNEZ-VOUS |
|---|---|---|

**A. Comment dire en espagnol ?**
   *1. En novembre, j'irai chez toi.*
   *2. A cette époque, je vivais au Pérou.*
   *3. En été, nous mangeons sur la terrasse.*
   *4. J'habite en face de ton hotel.*

**B. Que veut dire en français ?**
   1. Estoy en la estación.          3. A pesar de la lluvia.
   2. Vendré a tu casa en primavera.

## SOLUTIONS

**A.** 1. En noviembre iré a tu casa.
   2. En esa época vivía en Perú.
   3. En verano comenos en la terraza.
   4. Vivo en frente de tu hotel.

**B.** *1. Je suis à la gare.          3. Malgré la pluie.*
   *2. Je viendrai chez toi au printemps.*

---

**ALMODOVAR**

- Né en 1949 près de **Ciudad Real** dans une famille d'ouvriers agricoles, il commença sa formation intellectuelle chez les prêtres *Salésiens* (**Salesianos**) à *Cáceres*. Attiré par Madrid, il deviendra quelque peu « hippy », gagnera Ibiza, Londres puis Paris. Mais revenu en Espagne il sera pendant 10 ans fonctionnaire des télécommunications... et volontaire dans l'aviation pendant son service militaire !

- C'est en 1974 qu'il, découvrira la caméra super 8 et tournera son premier film, puis en 1978 **Salomé** en 16 mm, où il « bouscule » les personnages bibliques. « Le sexe partout » en 1978 représente une de ses premières obsessions...

- « **Pepi, Luci, Bom** et les autres » en 1980 est un film où il fait sauter tous les tabous de la société espagnole, rencontrant ainsi le courant de la **movida**[1] en chemin et apportant le succès.

Avec **Matador** (1985) il identifie amour, passion et ...corrida et développe un nouveau style où la beauté des formes et des couleurs s'impose. L'humour, l'absence de ridicule caractérisent désormais sa production. « *Femmes au bord de la crise de nerfs* » avec **Carmen Maura**, son interprète préférée en 1988 lui assure une notoriété mondiale.

« *Talons aiguille* » avec **Victoria Abril** poursuit son identification aux « nouveaux espagnols » et « *Parle-moi d'elle* », est un chef d'œuvre de pureté.

Le caractère excessif de ses personnages opère une catharsis, libérant les spectateurs espagnols les plus âgés de « non dit ». (voir **B10**).

[1.] Voir. **A12**.

## A19 Avant / Après / Devant / Derrière / ...

### Avant
Il faut arriver *avant* tout le monde.
Je suis *avant* vous, madame.

### Après
J'arriverai *après* le déjeuner.
Je vais toujours au café *après* la sieste.

### Devant
La voiture est *devant* l'hôtel.
Je vous attendrai *devant* la cathédrale, monsieur.

### Derrière
La voiture est *derrière* le camion.
Le village est *derrière* la colline.

### Loin
Nous sommes *loin* de Madrid.
Suis-je *loin* du centre ?

### Près
L'hôtel est *près* du musée.
Je veux une table *près* de la fenêtre.

### Sur
La valise est *sur* le lit.
J'ai oublié mon passeport *sur* la table.

### Sous
Les chaussures sont *sous* la commode.
La roue de secours se trouve *sous* la voiture.

### Pendant
Le courrier est distribué *pendant* les repas.
Vous visiterez la cathédrale *pendant* votre séjour.

## A19 Antes / Después / Delante / Detrás / ...

### Antes
Hay que llegar *antes que* todo el mundo.
Estoy *antes de* usted, señora.

### Después
Llegaré *después del* almuerzo.
Voy siempre al café *después de* la siesta.

### Delante
El coche está *delante del* hotel.
Le esperaré *delante de* la catedral, señor.

### Detrás
El coche está *detrás del* camión.
El pueblo está *detrás de* esa colina.

### Lejos
Estamos *lejos de* Madrid.
¿ Estoy *lejos del* centro de la ciudad ?

### Cerca
El hotel está *cerca del* museo.
Quiero una mesa *cerca de* la ventana.

### Encima
La maleta está *encima de* la cama.
He olvidado mi pasaporte *encima de* la mesa.

### Debajo
Los zapatos están *debajo de* la cómoda.
La rueda de repuesto se encuentra *debajo del* coche.

### Durante
El correo se distribuye *durante* las comidas.
Visitará la catedral *durante* su estancia.

| A19 | Avant / Après Devant / ... | **CONSTRUCTIONS & REMARQUES** |

■ Comme vous l'avez remarqué dans les exemples de la page précédente, les adverbes de lieu s'accompagnent presque toujours de la préposition **de**.

Voici les plus courants :

| | | | |
|---|---|---|---|
| **antes de** | *avant* | **después de** | *après* |
| **delante de** | *devant* | **detrás de** | *derrière* |
| **encima de** | *sur* | **debajo de** | *sous* |
| **lejos de** | *loin* | **cerca de** | *près de* |
| **durante** | *pendant* | **enfrente de** | *face à* |
| **adelante** | *en avant* | **atrás** | *en arrière* |
| **fuera** | *dehors* | **dentro** | *dedans* |
| **arriba** | *en haut* | **abajo** | *en bas* |

■ **REMARQUE**

Pour signifier l'éloignement spatial, on utilise les adverbes **aquí** (*ici*) ; **ahí** (*là*) ; **allí** (*là-bas*) ; **allá** (*tout là-bas*).

| | |
|---|---|
| **Vivo aquí.** | *J'habite ici.* |
| **El restaurante está ahí.** | *Le restaurant est là.* |
| **Allí está el hospital.** | *L'hôpital est là-bas.* |
| **La playa está allá.** | *La plage est tout là-bas.* |

➡ **RAPPEL :**

Les démonstratifs ont aussi un raport avec cette notion d'éloignement : voir pages 132-133 dans le mémento grammatical.

➡ **RETENEZ AUSSI :**

| | |
|---|---|
| **un metro** | *un mètre* |
| **un kilómetro** | *un kilomètre* |
| **deprisa** | *vite* |
| **despacio** | *doucement* |
| **cien kilómetros por hora** | *cent kilomètres à l'heure* |
| **dos metros por seis** | *deux mètres sur six* |
| **veinte metros cuadrados** | *vingt mètres carrés* |

| A19 | Antes / Después Delante / ... | ENTRAÎNEZ-VOUS |
|---|---|---|

## A. Que veut dire en français ?

1. Creo que esa persona ha ido a cenar fuera.
2. Detrás de esa plaza hay un buen restaurante.
3. Durante las fiestas las tiendas están cerradas.
4. Habrá un espectáculo después de la cena.

## B. Comment dire en espagnol ?

1. *Nous habitons tout là-haut.*
2. *En avant !*
3. *Je vous invite à prendre l'apéritif avant le dîner.*
4. *Notre hôtel est très loin de la plage.*
5. *Ici, il n'y a pas de boulanger.*

### SOLUTIONS

**A.**
1. *Je crois que cette personne est allée dîner dehors.*
2. *Derrière cette place, il y a un bon restaurant*
3. *Pendant les fêtes, les magasins sont fermés.*
4. *Il y aura un spectacle après le dîner.*

**B.**
1. Vivimos allá arriba.
2. ¡ Adelante !
3. Le invito a tomar el aperitivo antes de la cena.
4. Nuestro hotel está muy lejos de la playa.
5. Aquí no hay panadero.

---

### MADRID ET SES ENVIRONS - **MADRID Y SUS ALREDEDORES**

- **Madrid** (4 millions d'habitants), n'est une vraie grande ville que depuis le XVIe siècle (600 km² – Paris : 110 km²). C'est une ville verte (10,5 millions de m² de verdure), aux larges avenues, aux parcs nombreux (le **Retiro**, XVIe siècle), aux musées célèbres – le **Prado**, de la *Marine* (**Nava**l), de *l'armée* (**Ejército**), le **Reina Sofía** – qu'il fait bon visiter d'avril à juin, en août ou septembre. Son marché aux puces (**Rastro**) est *aussi célèbre* (**tan famoso**) que son *Palais royal* (**Palacio Real**) aux 1 000 pièces, édifié par les *Bourbons*, ou sa fête de **San Isidro** (avec ses corridas), ou celle de la **Verbena de la Paloma**.
- Mais visitez les *environs* (**alrededores**), surtout dans un rayon de 80 km, les *palais royaux* (**Sitios Reales**), à **Aranjuez**, **l'Escorial**, **la Granja**, (**San Ildefonso**), et puis aussi les villes de *Ségovie*, *Tolède* et *Avila*.

# A20 Comparatifs

Il est *plus* petit.
Il est *plus* rouge.
Il est *moins* clair.
Il est *moins* bruyant.

Je veux une voiture *plus* confortable.
Montrez-moi un modèle *moins* foncé.
Je souhaite manger *comme* hier.

Ce bijou est *plus* joli *que* l'autre.
Ma chambre est *moins* agréable *que* la sienne.
Il y a *plus* de monde *que* l'année dernière.
Il y a *moins* de place *qu'*hier.

Il est *meilleur que* l'autre.
Il est *pire que* l'autre.

Je n'ai pas *autant d'*argent.
Il y a *autant de* touristes *qu'*en août.

Ce pain n'est pas *aussi* bon *que* d'habitude.
Les chaussures sont *aussi* chères *qu'*en France.

*La plus* confortable.
La chambre *la plus* confortable.

Les personnes *les moins* sympathiques.
Les jours *les moins* chauds.

## A20 Comparativos

Es *más* pequeño.
Es *más* rojo.
Es *menos* claro.
Es *menos* ruidoso.

Quiero un coche *más* confortable.
Enséñeme un modelo *menos* oscuro.
Deseo comer *como* ayer.

Esta joya es *más* bonita *que* la otra.
Mi habitación es *menos* agradable *que* la suya.
Hay *más* gente *que* el año pasado.
Hay *menos* sitio *que* ayer.

Es *mejor que* el otro.
Es *peor que* el otro.

No tengo *tanto* dinero.
Hay *tantos* turistas *como* en agosto.

Este pan no es *tan* bueno *como* de costumbre.
Los zapatos son *tan* caros *como* en Francia.

*La más* confortable
La habitación *más* confortable.

Las personas *menos* simpáticas.
Los días *menos* calurosos.

## A20 Comparatifs — CONSTRUCTIONS & REMARQUES

■ Le comparatif fonctionne un peu comme en français :

| | |
|---|---|
| *plus agréable que* | **más agradable que** |
| *moins agréable que* | **menos agradable que** |

■ Pour l'égalité, il faut faire attention car on remplace **que** par **como**. Remarquez aussi l'accord devant le substantif :

| | |
|---|---|
| *aussi agréable que* | **tan agradable como** |
| *autant d'argent que* | **tanto dinero como** |
| *autant de lumière que* | **tanta luz como** |
| *autant de touristes que* | **tantos turistas como** |
| *autant de personnes que* | **tantas personas como** |

### ■ REMARQUE

Le superlatif absolu : pour rendre l'idée de *très grand* ou *très petit*, l'espagnol peut faire précéder les adjectifs de **muy** ou ajouter la terminaison **-ísimo** et **-ísima** :

| | | | |
|---|---|---|---|
| *grand* | **grande** | *très grand* | **muy grande, grandísimo** |
| *petit* | **pequeño** | *très petit* | **muy pequeño, pequeñísimo** |
| *petite* | **pequeña** | *très petite* | **muy pequeña, pequeñísima** |

### ➡ RETENEZ AUSSI :

Comparatifs irréguliers

| | | | |
|---|---|---|---|
| *grand* | **grande** | *plus grand* | **más grande, mayor** |
| *petit* | **pequeño** | *plus petit* | **más pequeño, menor** |
| *bon* | **bueno** | *meilleur* | **mejor** |
| *mauvais* | **malo** | *pire* | **peor** |
| *cher* | **caro** | *meilleur marché* | **más barato** |

### ➡ RETENEZ EGALEMENT :

Le neutre **lo** avec un adjectif se traduit par *ce qui*.
**lo agradable de Andalucía**
*ce qui est agréable en Andalousie*
**me gusta lo misterioso**
*j'aime bien ce qui est mystérieux*

| A20 | Compartivos | ENTRAÎNEZ-VOUS |

### A. Que veut dire en français ?
1. Este vino es más suave que el de ayer.
2. La piscina es tan agradable como el mar.
3. Lo que no me gusta es el ruido.
4. Deme el plato más típico de la región.

### B. Comment dire en espagnol ?
1. *Il fait aussi chaud qu'hier.*
2. *Il y a plus de place que la semaine dernière.*
3. *La plus belle.*
4. *Ce bateau est aussi long que l'autre.*
5. *Il est plus grand.*

---

## SOLUTIONS

**A.**
1. *Ce vin est plus doux que celui d'hier*
2. *La piscine est aussi agréable que la mer.*
3. *Ce qui ne me plaît pas, c'est le bruit.*
4. *Donnez-moi le plat le plus typique de la région.*

**B.**
1. Hace tanto calor como ayer.
2. Hay más sitio que la semana pasada.
3. La más bella.
4. Este barco es tan largo como el otro.
5. Es más grande.

---

MADRID ET SES ENVIRONS – **MADRID Y SUS ALREDEDORES** (suite de p.81)

• *L'Escurial* (**el Escorial**), ce qui signifie *champ de scories* (allusion aux forges d'autrefois), est à 55 km de Madrid, le reflet de l'Espagne forte, celle de « l'empire sur lequel le soleil ne se couchait jamais ».

• Construit par le roi *Philippe II* (**Felipe Segundo**), c'est une immense bâtisse de *granit* (**granito**) de 161 m sur 207 m en forme de *gril* (**parrilla**) en hommage à *Saint Laurent* (**San Lorenzo**). L'Escurial comporte une coupole de 92 m de haut – réplique de Saint-Pierre de Rome –, 1 200 portes, 2 600 fenêtres. C'est à la fois un *monastère* (**monasterio**) et un *cloître* (**claustro**), une bibliothèque, une sorte de *centre de recherche* (**centro de investigación**) de l'époque ; c'est aussi un *panthéon* (**panteón**) royal, ainsi qu'un musée où l'on mesure l'austérité des appartements des **Habsbourg** et la richesse de ceux des *Bourbons*.

## B1 — Manger et boire / Comer y beber

| Français | Español | Prononciation |
|---|---|---|
| manger | **comer** | |
| j'ai faim | **tengo hambre** | |
| le repas | **la comida** | [komida] |
| le petit déjeuner | **el desayuno** | [déssayuno] |
| le déjeuner | **el almuerzo** | [almouerzo] |
| le dîner | **la cena** | [zéna] |
| le sandwich | **el bocadillo** | [bokadilyo] |
| la table | **la mesa** | |
| la chaise | **la silla** | [silya] |
| le couvert | **el cubierto** | [koubierto] |
| l'assiette | **el plato** | |
| la serviette | **la servilleta** | [sérvilyéta] |
| le couteau | **el cuchillo** | [koutchilyo] |
| la fourchette | **el tenedor** | |
| la cuiller | **la cuchara** | [koutchara] |
| du pain | **pan** | |
| le menu | **el menú** | [menou] |
| chaud | **caliente** | [kalienté] |
| froid | **frío** | |
| salé | **salado** | |
| sucré | **dulce** | [doulzé] |
| l'addition | **la cuenta** | [koue-nta] |
| boire | **beber** | |
| j'ai soif | **tengo sed** | |
| une boisson | **una bebida** | |
| un verre | **un vaso** | [basso] |
| une bouteille | **una botella** | [botélya] |
| une bière | **una cerveza** | |
| un demi | **una caña** | [kanya] |
| de l'eau | **agua** | |
| du vin rouge | **vino tinto** | |
| du vin blanc | **vino blanco** | |
| du café | **café** | |
| du thé | **té** | |

## B1 ENTRAÎNEZ-VOUS

**A. Que veut dire en français ?**
 1. Camarero, por favor, un vaso de vino tinto.
 2. ¡ Una caña !
 3. Para el desayuno siempre tomo té.
 4. ¿ Puede traerme un poco de pan, por favor ?
 5. Es una comida fría.

**B. Comment dire en espagnol ?**
 *1. Je voudrais réserver une table pour le déjeuner.*
 *2. Garçon , ce café est froid.*
 *3. L'addition, s'il vous plaît.*
 *4. J'ai soif ; auriez-vous une bonne bouteille de vin blanc ?*

## SOLUTIONS

**A.** *1. Garçon, s'il vous plaît, un verre de vin rouge !*
 *2. Un demi de bière !*
 *3. Pour le petit déjeuner, je prend toujours du thé.*
 *4. Pouvez-vous m'apporter un peu de pain, s'il vous plaît ?*
 *5. C'est un repas froid.*

**B.** 1. Quisiera reservar una mesa para el almuerzo.
 2. Camarero, este café está frío.
 3. La cuenta, por favor.
 4. Tengo sed ; ¿ tendría usted una buena botella de vino blanco ?

## LES **TAPAS**

• Les Espagnols ont coutume d'aller faire la *tournée des bistrots*, **ir de chateo**, avec des amis avant de rentrer chez eux déjeuner ou dîner.
• Pour combattre l'effet de l'alcool, ils prennent des **tapas**, *amuse-gueules*, qui vont des simples *olives*, aceitunas, aux *poissons frits*, **pescadito frito**, *rognons*, **riñones**, *omelette*, **tortilla**, **gambas**, **chorizo**, *jambon de montagne*, **jamón serrano**, etc.
• Ces **tapas** se commandent en **ración**, *portion*, et s'accompagnent de *bière*, **cerveza** ou d'un **chato**, *petit verre de vin rouge* ou de **Jerez fino**.
• Après le dîner, on peut sortir pour **tomar una copa**, *prendre un verre* : **güisqui**, *whisky*, **cubalibre**, *rón-cola*, **gin-tonic**, etc. Cela peut durer et se terminer au petit matin avec un **chocolate**[1] **con churros**, *chocolate avec des beignets*.
1. boisson d'origine aztèque, **chocolatl** en langue **nahuatl**.

## B2 La nourriture
### La comida

| | | |
|---|---|---|
| la viande | **la carne** | [ka**r**né] |
| du bœuf | **vaca** | [b**a**ka] |
| du veau | **ternera** | |
| du porc | **cerdo** | [z**é**rdo] |
| du mouton | **cordero** | |
| du poulet | **pollo** | [p**o**lyo] |
| du lapin | **conejo** | [kon**é**jo] |
| | | |
| le poisson | **el pescado** | |
| les fruits de mer | **el marisco** | |
| la truite | **la trucha** | [tr**ou**tcha] |
| la langouste | **la langosta** | |
| la langoustine | **la cigala** | |
| la crevette | **la gamba** | |
| la crevette royale | **el langostino** | |
| les moules | **los mejillones** | [méjily**o**néss] |
| l'huître | **la ostra** | |
| la soupe | **la sopa** | |
| les hors-d'œuvres | **los entremeses** | [[e-ntrém**é**séss] |
| la charcuterie | **los embutidos** | [e-mbout**i**doss] |
| | | |
| l'huile | **el aceite** | [az**e**yté] |
| le vinaigre | **el vinagre** | [bin**a**gré] |
| le sel | **la sal** | |
| le poivre | **la pimienta** | |
| la moutarde | **la mostaza** | |
| | | |
| les légumes | **las verduras** | [berd**ou**ras] |
| les pommes de terre | **las patatas** | |
| les carottes | **las zanahorias** | |
| les haricots verts | **las judías verdes** | |
| le riz | **el arroz** | |
| la salade | **la ensalada** | |
| un œuf | **un huevo** | [ou**e**bo] |
| une omelette | **una tortilla** | [tort**i**lya] |
| | | |
| le lait | **la leche** | [l**é**tché] |
| le fromage | **el queso** | [k**é**sso] |
| le yaourt | **el yogur** | [yog**ou**r] |
| le dessert | **el postre** | |
| | | |
| les fruits | **la fruta** | |
| la pomme | **la manzana** | |
| la poire | **la pera** | |
| la banane | **el plátano** | |
| la pêche | **el melocotón** | |
| le fraises | **las fresas** | |

## B2 — ENTRAÎNEZ-VOUS

**A. Que veut dire en français ?**
1. Un poco de mostaza, por favor.
2. Primero la carne y después la ensalada.
3. Estas patatas no están buenas.
4. Lo siento, pero no me gusta el arroz.
5. Le aconsejo los mariscos, están muy buenos.

**B. Comment dire en espagnol ?**
*1. Apportez-moi des fruits de la région.*
*2. Je voudrais une omelette aux crevettes.*
*3. Comme dessert, je prendrai une ou deux pêches.*
*4. Elles sont très bonnes, ces moules !*

### SOLUTIONS

**A.** *1. Un peu de moutarde, s'il vous plaît.*
*2. D'abord la viande et ensuite la salade.*
*3. Ces pommes de terre ne sont pas très bonnes.*
*4. Je regrette, mais je n'aime pas le riz.*
*5. Je vous conseille les fruits de mer, ils sont délicieux.*

**B.** 1. Tráigame fruta de la región.
2. Quisiera una tortilla de gambas.
3. De postre, tomaré uno o dos melocotones.
4. ¡ Están muy buenos estos mejillones !

---

LA CUISINE ESPAGNOLE — **LA COCINA ESPANOLA**

- Les *ingrédients*, **ingredientes**, de base sont *l'huile*, **aceite**, et *l'ail*, **ajo**.
- Les fruits de mer sont légion ; on consomme même les **percebes**, *pousse-pieds* ou *anatifs*. Enfin la **tortilla española**, *omelette aux pommes de terre* est omniprésente.
- Dans le *Nord*, **Norte**, dans la verte *Galice*, mangez le **pote gallego**, sorte de *pot-au-feu*, la **empanada**, (grand *friand* farci à la viande ou au poisson), le délicieux **pulpo**, *poulpe*, mais surtout les fruits de mer : **nécoras**, *étrilles*, **centollos**, *araignées de mer*, **vieiras**, *coquilles Saint-Jacques*, etc.
- La spécialité des *Asturies*, **Asturias**, est la **fabada**, sorte de *cassoulet*.
- La cuisine basque est variée et fine, avec le **bacalao a la vizcaína**, *morue à la tomate*, ou le **bacalao al pil-pil**, *morue à la sauce verte*, les **chipirones**, *petits calmars*, parfois servis dans une sauce tomate noircie à l'encre même des encornets, **chipirones en su tinta**.

## B13 — Les vêtements[1]
### La ropa

| | | |
|---|---|---|
| s'habiller | **vestirse** | |
| se déshabiller | **desnudarse** | [déssnoudarssé] |
| la robe | **el vestido** | [béstido] |
| le costume | **el traje** | [trajé] |
| le tissu | **la tela** | |
| le coton | **el algodón** | |
| la laine | **la lana** | |
| le velours | **el terciopelo (la pana)** | [térziopélo] |
| le cuir | **el cuero** | [kouero] |
| la soie | **la seda** | |
| le fil | **el hilo** | |
| | | |
| vêtements | **ropa** | |
|   pour femme | **de señora** | |
|   pour homme | **de caballero** | |
| | | |
| la veste | **la chaqueta** | [tchakéta] |
| le pantalon | **el pantalón** | |
| le pull-over | **el jersey** | [jerssé] |
| le gilet | **el chaleco** | [tchaléko] |
| la chemise | **la camisa** | [kamissa] |
| la cravate | **la corbata** | [korbata] |
| la jupe | **la falda** | |
| la ceinture | **el cinturón** | [zintouron] |
| le manteau | **el abrigo** | |
| la chaussette | **el calcetín** | [kalzétin] |
| le bas | **la media** | [média] |
| le chapeau | **el sombrero** | |

Principales couleurs

| | | | |
|---|---|---|---|
| jaune | **amarillo** | vert | **verde** |
| bleu | **azul** | marron | **marrón** |
| rouge | **rojo** | noir | **negro** |
| rose | **rosa** | blanc | **blanco** |

1. Certains noms de vêtements changent en Amérique latine.

## B3 — ENTRAÎNEZ-VOUS

### A. Que veut dire en français ?
1. Yo me visto siempre en París.
2. Este traje es un poco pequeño. ¿ Tiene una talla más alta ?
3. ¿ De qué color es el chaleco ?
4. La chaqueta es un poco corta.

### B. Comment dire en espagnol ?
1. *Je ne peux pas me déshabiller ici.*
2. *Ma jupe en cuir est un peu trop sombre.*
3. *J'ai froid malgré mon pull-over de laine et mon manteau.*

## SOLUTIONS

**A.**
1. *Je m'habille toujours à Paris.*
2. *Ce costume est un peu petit. Avez-vous une taille au-dessus ?*
3. *De quelle couleur est le gilet ?*
4. *La veste est un peu courte.*

**B.**
1. No puedo desnudarme aquí.
2. Mi falda de cuero es un poco oscura.
3. Tengo frío a pesar de mi jersey de lana y mi abrigo.

---

### LA CUISINE ESPAGNOL – **LA COCINA ESPAÑOLA** (suite)

- En Méditerranée, vous mangerez la **zarzuela de mariscos**, *ragoût de fruits de mer à l'américaine* ; c'est la région de tous les plats à base de *riz*, **arroz**, dont la fameuse **paella valenciana** et **l'arroz a banda** ou **l'arroz con costra**.
- Dans la Vieille Castille, à **Burgos** ou à **Valladolid**, vous dégusterez le **cordero asado**, *agneau grillé*, et à *Ségovie*, le **cochinillo asado**, *cochon de lait grillé*.
- Les spécialités de Madrid sont le **cocido**, pot au feu national à base de *pois chiches* (**garbanzos**) de viandes et de légumes, les **callos**, *tripes*, le **pisto manchego**, sorte de *ratatouille* et enfin la **perdiz** (*perdrix*) **a la toledana**.
- Dans le Sud, en Andalousie, les *poissons frits*, **pescaditos fritos**, sont très appréciés ; dans la chaleur de l'été, le **gazpacho**, potage froid aux crudités, est très rafraîchissant ; notons aussi les **riñones al jerez**, *rognons en sauce au xérès*, et le **rabo de toro**, *ragoût de queue de taureau*, spécialité de Cordoue.
- Rapportez dans vos bagages du **turrón**, *nougat aux amandes et au miel*, et des **polvorones**, *sablés* très friables et fondants.

## B4 Les vêtements (2)

**La ropa** (voir note 1 p. 90)

| | | |
|---|---|---|
| coudre | **coser** | [kosser] |
| porter (un vêtement) | **llevar (ropa)** | |
| essayer (un vêtement) | **probarse (ropa)** | |
| mettre | **ponerse** | |
| enlever | **quitarse** | [kitarsé] |
| | | |
| l'imperméable | **el impermeable** | |
| l'écharpe | **la bufanda** | [boufanda] |
| le parapluie | **el paraguas** | [paragouass] |
| | | |
| le short | **el pantalón corto** | |
| la manche | **la manga** | |
| le col | **el cuello** | [kouelyo] |
| l'ourlet | **el dobladillo** | |
| la bouton | **el botón** | |
| la poche | **el bolsillo** | |
| | | |
| les sous-vêtements | **la ropa interior** | |
| le tricot de corps | **la camiseta** | |
| le caleçon | **el calzoncillo** | [kalzonzilyo] |
| la culotte | **la braga** | |
| le soutien-gorge | **el sostén** | |
| le collant | **el panty** | |
| le corsage | **la blusa** | [bloussa] |
| le pyjama | **el pijama** | |
| la chemise de nuit | **el camisón** | |
| la robe de chambre | **la bata** | |
| le maillot de bain | **el traje de baño** | |
| le mouchoir | **el pañuelo** | [panyouélo] |
| le foulard | **el pañuelo (de seda)** | |
| la montre | **el reloj (de pulsera)** | [réloj] |
| les gants | **los guantes** | [goua-ntéss] |
| les bijoux | **las joyas** | |
| la bague | **el anillo (la sortija)** | |
| le collier | **el collar** | |
| le sac à main | **el bolso de mano** | |
| le portefeuille | **la cartera (billetera)** | |
| les lunettes | **las gafas** | |
| la casquette | **la visera** | |
| | | |
| la chaussure | **el zapato** | |
| la botte | **la bota** | |
| le chausson | **la zapatilla** | |

## B4 — ENTRAÎNEZ-VOUS

**A. Que veut dire en français ?**
 1. Estoy buscando la sección de caballeros.
 2. Quiero probarme este traje de baño.
 3. Quisiera probarme una talla más grande.
 4. Los zapatos de señora están en la otra planta.

**B. Comment dire en espagnol ?**
 *1. Peut-on essayer les sous-vêtements ?*
 *2. Je n'aime pas porter des collants.*
 *3. J'ai perdu tous mes bijoux.*
 *4. Avez-vous des lunettes de soleil ?*

### SOLUTIONS

**A.** *1. Je cherche le rayon pour hommes.*
 *2. Je veux essayer ce maillot de bain.*
 *3. Je voudrais essayer une taille au-dessus.*
 *4. Les chaussures pour dames sont à l'autre étage.*

**B.** 1. ¿ Se puede probar la ropa interior ?   3. He perdido todas mis joyas.
 2. No me gusta llevar pantys.   4. ¿ Tiene gafas de sol ?

---

### LA MUSIQUE- **LA MÚSICA**

La musique est le reflet du morcellement géographique et ethnique du pays et la chanson dansée – forme première de la musique espagnole – est l'expression de chaque région.
Elle semble conçue pour la représentation chorégraphique et forme un tout, fait d'expression vocale, musicale et corporelle.
• Le chant mozarabe et le chant roman vont se partager le Moyen Âge au gré de l'avancée des reconquêtes chrétiennes sur les musulmans.
• Au XIX$^e$ siècle la musicologie espagnole est renouvelée avec **Felipe Pedrell** et l'école catalane de **Montserrat**.
• Au XX$^e$ siècle quelques noms font autorité :
**Isaac Albéniz** (1860-1909) : avec parmi les plus connues de ses œuvres *La suite d'Ibéria, Les Deux Suites espagnoles* et *Les Chants d'Espagne*.
**Enrique Granados** (1867-1916) : avec, entre autres, un opéra **Goyescas** et ses *Danses espagnoles*.
**Manuel de Falla** (1876-1946) : avec *Le Tricorne, l'Amour sorcier* et ses *Sept chansons populaires*.

## B5 — La maison (1) / La casa

| | | |
|---|---|---|
| habiter une maison | **vivir en una casa** | |
| le logement | **la vivienda** | |
| loger chez quelqu'un | **alojarse en la casa de alguien** | |
| être chez soi | **estar en casa** | |
| chez moi | **en mi casa** | |
| le centre ville | **el centro ciudad** | |
| la banlieue | **las afueras** | [afouérass] |
| | **(el extrarradio)** | |
| louer | **alquilar** | [alkilar] |
| le propriétaire | **el propietario** | |
| le locataire | **el inquilino** | [i-nkilino] |
| déménager | **mudarse de casa** | |
| un appartement | **un piso (apartamento)** | |
| le rez-de-chaussée | **la planta baja** | |
| le premier étage | **el primer piso** | |
| une villa | **un chalet** | [tchalett] |
| le jardin | **el jardín** | ou [chalé] |
| la cour | **el patio** | |
| le puits | **el pozo** | |
| les pots de fleurs | **las macetas** | [mazétass] |
| la pelouse | **el césped** | [zésspéde] |
| le mur de clôture | **la tapia** | |
| le toit | **el tejado** | |
| le mur | **el muro** | |
| la cheminée | **la chimenea** | [tchiménéa] |
| l'escalier | **la escalera** | [é-sskaléra] |
| l'ascenseur | **el ascensor** | |
| l'étage | **el piso** | |
| le palier | **el descansillo** | |
| le sous-sol | **el sótano** | |
| le grenier | **la buhardilla** | [bouardilya] |
| la fenêtre | **la ventana** | |
| le balcon | **el balcón** | |
| la porte | **la puerta** | |
| la sonnette | **el timbre** | |
| sonner | **llamar** | |
| ouvrir | **abrir** | |
| la serrure | **la cerradura** | |
| fermer à clé | **cerrar con llave** | |

| **B5** | **ENTRAÎNEZ-VOUS** |

**A. Que veut dire en français ?**
 1. Vivo en un piso en el centro ciudad.
 2. Mi casa es fácil de reconocer : tiene una puerta verde y unas macetas en los balcones.
 3. ¿ El señor Martínez ? Escalera B, primer piso.
 4. El ascensor no funciona.

**B. Comment dire en espagnol ?**
 *1. Je suis chez moi, monsieur.*
 *2. Le propriétaire habite au rez-de-chaussée.*
 *3. Mon appartement est au troisième étage.*
 *4. La villa où j'habite est dans la banlieue de Madrid.*

---
### SOLUTIONS

**A.** *1. J'habite dans un appartement au centre ville.*
 *2. Ma maison est facile à reconnaître : elle a une porte verte et des pots de fleurs aux balcons.*
 *3. M. Martinez ? Escalier B, premier étage.*
 *4. L'ascenseur est en panne.*

**B.** 1. Estoy en mi casa, señor.
 2. El propietario vive en la planta baja.
 3. Mi apartamento está en el tercer piso.
 4. El chalet donde vivo está en las afueras de Madrid.

---

DANS LE TRAIN - **EN EL TREN**

Dans bien des pays hispano-américains on n'utilise plus guère le train (*Colombie, Venezuela*). Dans d'autres, on voyage plus en avion ou en autocar (Mexique, pays andins).
- En *Argentine* des trains continuent à circuler.
- Le plus touristique est, probablement celui d'**Arequipa** à **Cuzco**, au *Pérou*. Il est redoutable pour *les malades du cœur* (**los delicados del corazón**) car il monte à environ 4 000 mètres : dans les couloirs on n'offre pas du coca-cola mais « de l'air, de l'air » (**aire, aire**) au cas où quelqu'un serait en train d'étouffer (**el Soroche**, le *mal des cîmes*).
- Il est suivi de près par celui de **Cuzco** à **Machupicchu**, essentiellement pour touristes.

Lorsqu'un train andin s'arrête, des femmes et des enfants se précipitent pour vendre des *fruits* (**frutas**), de *petits pâtés* (**empanadas**), des *pâtes de fruits* (**bocadillos**) ou des *morceaux de poulet* (**presas de pollo**). Quelquefois des ponchos, des *bonnets* (**gorros**) et objets en cuir.

## B6 — La maison (2) / La casa

| | | |
|---|---|---|
| la lumière | **la luz** | [l**ou**z] |
| allumer | **encender** | |
| éteindre | **apagar** | |
| le plafond | **el techo** | [t**é**tcho] |
| le plancher | **el piso** | |
| le chauffage | **la calefacción** | [kaléfakzi**o**n] |
| le radiateur | **el radiador** | |
| la moquette | **la moqueta** | [mok**é**ta] |
| les meubles | **los muebles** | |
| la clé | **la llave** | |
| le couloir | **el pasillo** | |
| le salon | **el salón** | |
| le fauteuil | **la butaca** | |
| la table | **la mesa** | |
| la chaise | **la silla** | |
| le tapis | **la alfombra** | |
| une pièce | **una habitación** | |
| la vitre | **el cristal** | |
| le rideau | **la cortina** | |
| la salle de séjour | **el cuarto de estar** | |
| la salle à manger | **el dormitorio** | |
| l'armoire | **el armario** | |
| le lit | **la cama** | |
| le miroir | **el espejo** | [é-ssp**é**jo] |
| la commode | **la cómoda** | |
| la salle de bains | **el cuarto de baño** | |
| la douche | **la ducha** | |
| la baignoire | **la bañera** | |
| le lavabo | **el lavabo** | |
| les W.-C. | **el retrete** | |
| la cuisine | **la cocina** | |
| faire la cuisine | **cocinar** | [kozin**a**r] |
| faire la vaisselle | **lavar los platos** | |
| la casserole | **la cazuela** | [kazou**é**la] |
| le réfrigérateur | **el frigorífico** | |
| le lave-vaisselle | **el lava-platos** ou **lavadora** | |
| le lave-linge | **el lava-ropa** | |
| l'évier | **la pila** | |
| le four (à micro-ondes) | **el horno (microondas)** | |

## B6 — ENTRAÎNEZ-VOUS

**A. Que veut dire en français ?**
1. Para cocinar hay también un horno microondas encima del frigorífico.
2. Solo hay dos sillas en el cuarto de estar.
3. No hay agua en el cuarto de baño.
4. La luz de la habitación no funciona.

**B. Comment dire en espagnol ?**
1. *Il n'y a pas de chauffage dans la salle à manger.*
2. *Dans la cuisine, vous trouverez un lave-linge et un lave-vaisselle.*
3. *Je n'aime pas la moquette dans la salle de bain.*
4. *La chambre à coucher est au bout du couloir à droite.*

## SOLUTIONS

**A.**
1. *Pour faire la cuisine, il y a aussi un four à micro-ondes sur le réfrigérateur.*
2. *Il n'y a que deux chaises dans la salle de séjour.*
3. *Il n'y a pas d'eau dans la salle de bain.*
4. *La lumière de la chambre ne marche pas.*

**B.**
1. No hay calefacción en el comedor.
2. En la cocina encontrará una lavadora y un lava-platos.
3. No me gusta la moqueta en el cuarto de baño.
4. EL dormitorio está al fondo del pasillo a la derecha.

---

### MAISONS ET VISITES EN AMERIQUE LATINE

• La famille hispano-américaine est souvent très nombreuse : parmi les taux démographiques les plus élevés se trouvent ceux du Mexique et de la Colombie. C'est pourquoi, dans la mesure du possible, on préfère la maison à l'appartement. De là, l'étendue considérable des villes, avec leurs maisons d'un ou deux *étages* (**pisos**), groupées en *quartiers* (**barrios**). Dans les familles de *la classe moyenne* (**la clase media**), l'employée de maison a généralement sa *douche* (**ducha**) et ses *toilettes personnelles* (**su baño personal**).

• Lorsque le visiteur arrive, on lui sert automatiquement , un café noir (café solo) ou un *rafraîchissement* (**refresco**), jus de fruit ou coca-cola.

• L'Hispano-Américain, surtout celui des pays tropicaux et des pays andins, se lève et se couche de bonne heure, prend un solide *petit déjeuner* (**desayuno**) – des œufs, parfois de la viande et des légumes – et il aime fêter et recevoir ses parents et ses amis.

## B7 — La famille / La familia

| | |
|---|---|
| le nom (en général) | **el nombre** |
| le nom (de famille) | **el apellido** |
| le prénom | **el nombre (de pila)** |
| les parents (père et mère) | **los padres** |
| les parents (gens de la famille) | **los parientes** |
| le mari et la femme | **el marido y la mujer** |
| le père et la mère | **el padre y la madre** |
| papa et maman | **papá y mamá** |
| les enfants | **los niños** |
| le frère et la sœur | **el hermano y la hermana** |
| le garçon et la fille | **el chico y la chica** [tchiko] |
| le cousin et la cousine | **el primo y la prima** |
| les adultes | **los adultos** |
| l'oncle et la tante | **el tío y la tía** |
| le neveu et la nièce | **el sobrino y la sobrina** |
| le grand-père et la grand-mère | **el abuelo y la abuela** |
| le petit-fils et la petite-fille | **el nieto y la nieta** |
| le beau-frère et la belle-sœur | **el cuñado y la cuñada** [kounyado] |
| le beau-père et la belle-mère | **el suegro y la suegra** |
| le gendre et la bru | **el yerno y la nuera** |
| marié(e) | **casado(a)** |
| célibataire | **soltero(a)** |
| le fiancé, la fiancée | **el novio, la novia** |
| se marier | **casarse** |
| le mariage | **la boda** (la cérémonie) |
| | **el matrimonio** (l'institution) |
| les jeunes mariés | **los recién casados** |
| le voyage de noces | **el viaje de bodas** |
| veuf, veuve | **viudo, viuda** |
| divorcé(e) | **divorciado (a)** [diborziado] |
| enceinte | **embarazada** |
| naître | **nacer** |
| la naissance | **el nacimiento** |
| l'aîné | **el primogénito** |
| jeune | **joven** |
| l'anniversaire | **el cumpleaños** [koumpléanyoss] |
| vieux | **viejo** |
| personne âgée | **persona mayor** [mayor] |
| mourir | **morir** |
| le décès | **el fallecimiento** [falyécimiento] |
| décéder | **fallecer** |

## B7 — ENTRAÎNEZ-VOUS

**A. Que veut dire en français ?**
1. Mi hermano y mi hermana están solteros.
2. Los españoles tenemos dos apellidos, el del padre y el de la madre.
3. ¿Cual es su nombre de pila ?
4. El año que viene se casa nuestra hija mayor.

**B. Comment dire en espagnol ?**
1. Je suis né en 1981.
2. Je suis marié.
3. Avez-vous des frères et des sœurs ?
4. Nous sommes en voyage de noces.
5. Demain c'est mon anniversaire.

## SOLUTIONS

**A.** *1. Mon frère et ma sœur sont célibataires.*
*2. Nous, les Espagnols, nous avons deux noms de famille, celui du père et celui de la mère.*
*3. Quel est votre prénom ?*
*4. L'année prochaine, notre fille se marie.*

**B.** 1. Nací en 1981.
2. Estoy casado.
3. ¿Tiene hermanos y hermanas ?
4. Estamos en viaje de novios.
5. Mañana es mi cumpleaños.

---

### LE RÔLE DE LA FEMME

- Bien sur, à toutes les époques, des femmes espagnoles ont eu une influence et des responsabilité déterminantes : la Reine *Isabelle de Castille* [1], la *duchesse d'Albe,* ou plus près de nous, au XXᵉ siècle, **la Pasionaria**, et son cri : « **No pasarán** », pendant la guerre civile espagnole (1936-1939).
- Mais rien n'a tant évolué en Espagne que le rôle des femmes dont l'église, le **paseo**, ou **la Plaza de Toros** ou… la cuisine étaient les rares lieux de présence tolérée. Jusqu'en 1976, l'autorité parentale était réservée au chef de famille… qui seul pouvait autoriser son épouse à exercer une activité commerciale.
- Le tourisme, l'éducation, le travail des femmes (une femme sur trois), les mass média, lui ont donné un statut d'autonomie économique, et par suite d'indépendance sociale. En contrepoint, la natalité est devenue une des plus basses d'Europe (taux de fécondité 1,4 par femme).
- Les femmes espagnoles sont aujourd'hui partout : chefs d'entreprise, journalistes de télévision, magistrats, parlementaires, ministres, etc. **Montserrat Caballé** est une des premières figures internationales de l'Opéra et **Arancha Sánchez** du tennis et **Pénélope Cruz** au cinéma !

---

[1] 1492 – la prise de Grenade aux Arabes et…la découverte de l'Amérique par Christophe Colomb.

## B8 — En voyage (1) / De viaje

| | | |
|---|---|---|
| voyager | **viajar** | |
| le voyage | **el viaje** | |
| le voyageur | **el viajero** | |
| le touriste | **el turista** | |
| séjourner | **veranear** | [béranéar] |
| la valise | **la maleta** | |
| les bagages | **el equipaje** | [ékipajé] |
| arriver à (en) | **llegar a** | |
| aller en Espagne | **ir a España** | [ésspanya] |
| aller en avion | **ir en avión** | |
| l'arrivée | **la llegada** | |
| le départ | **la salida** | |
| partir vers | **salir hacia** | |
| la frontière | **la frontera** | |
| le douanier | **el vista, el aduanero** | |
| le passeport | **el pasaporte** | |
| le visa | **el visado** | |
| la carte d'identité | **el documento nacional de identidad (DNI)** | |
| les papiers | **los documentos** | |
| un étranger | **un extranjero, un forastero** | |
| l'aéroport | **el aeropuerto** | |
| l'avion | **el avión, la nave** | |
| l'hôtesse de l'air | **la azafata** | |
| l'équipage | **la tripulación** | [tripoulazion] |
| le vol | **el vuelo** | [bouélo] |
| voler | **volar** | |
| décoller | **despegar** | |
| atterrir | **aterrizar** | |
| attachez vos ceintures | **abróchense los cinturones** | |
| ne fumez pas | **no fumen** | |

## B8 ENTRAÎNEZ-VOUS

**A. Que veut dire en français ?**
1. La azafata nos pide que nos abrochemos los cinturones.
2. La tripulación de esta nave es muy simpática.
3. Tengo mis documentos en la maleta.
4. Estoy de viaje.

**B. Comment dire en espagnol ?**
*1. Je ne trouve pas mes bagages.*
*2. Je n'ai pas de visa sur mon passeport.*
*3. Nous partons vers l'aéroport.*
*4. Je suis en vacances à Malaga.*

### SOLUTIONS

**A.** *1. L'hôtesse nous a demandé d'attacher nos ceintures.*
*2. L'équipage de cet avion est très sympathique.*
*3. J'ai mes papiers dans ma valise.*
*4. Je suis en voyage.*

**B.** 1. No encuentro mi equipaje.
2. No tengo visado en mi pasaposte.
3. Salimos hacia el aeropuerto.
4. Estoy de vacaciones en Málaga.

---

AEROPORTS LATINO-AMERICAINS - **AEROPUERTOS LATINOAMERICANOS**

Il y en a de toutes sortes : d'ambiance internationale (**México, Bogotá, Buenos Aires**) ou d'aspect familier, puisque, dans la plupart des pays andins (*Colombie, Equateur, Pérou, Bolivie, Vénézuela*), on prend l'avion très souvent, presque pour aller faire les *courses* (**las compras**).

• Quelque chose qui attire l'attention du voyageur européen, c'est la présence d'avions taxis (**avionetas**), petits avions qui partent sans cesse vers différents points du territoire d'un pays, *affrétés* (**fletados**) par quelques personnes qui ont besoin d'aller dans des endroits où il n'y a pas de *ligne régulière* (**línea regular**). C'est l'équivalent aérien des taxis collectifs, fréquents dans de nombreuses capitales.

• Par leur situation, certains aéroports sont impressionnants: la descente pour atterrir à **Medellín**, en **Colombie**, est imprévue et procure des émotions, car l'aéroport se trouve entre deux pics et l'avion descend peu à peu, presque comme un ascenseur. Lorsqu'il y a du brouillard, l'atterrissage à **Bogotá** ne manque pas d'épouvanter les gens nerveux et, à **La Paz**, l'aéroport est situé à 4 100 mètres : si bien qu'il faut descendre 500 mètres pour parvenir a la capitale bolivienne.

## B9 — En voyage (2) / De viaje

| | |
|---|---|
| la route | **la carretera** |
| l'autoroute | **la autopista** [a-outopista] |
| la voiture | **el coche, el automóvil** |
| le taxi | **el taxi** |
| l'autobus | **el autobús** |
| l'autocar | **el autobús** |
| le camion | **el camión** |
| la motocyclette | **la moto** |
| l'essence | **la gasolina** |
| la station-service | **la gasolinera** |
| tomber en panne | **tener una avería** |
| une crevaison | **un pinchazo** [pi-ntchazo] |
| le conducteur | **el conductor, el chófer** |
| conduire | **conducir** |
| le permis de conduire | **el permiso de conducción** |
| démarrer | **arrancar** |
| se garer | **aparcar** |
| s'arrêter | **pararse** |
| le chemin de fer | **el ferrocarril** |
| le train | **el tren** |
| la gare | **el estación** |
| le wagon | **el vagón** |
| l'horaire | **el horario** |
| le billet | **el billete** |
| aller-retour | **ida y vuelta** |
| la bicyclette | **la bicicleta** |
| le bateau | **el barco** |
| la traversée | **la travesía** |
| le billet de bateau | **el pasaje** |

## B9 — ENTRAÎNEZ-VOUS

**A. Que veut dire en français ?**
1. Estoy buscando una gasolinera.
2. ¿ Tiene pasajes para el barco que hace la travesía mañana a las ocho ?
3. No tengo permiso de conducción.
4. ¿ No tiene gasolina sin plomo ?
5. ¿ Puede indicarme los horarios de autobús para Segovia ?

**B. Comment dire en espagnol ?**
*1. Un billet aller-retour pour Madrid.*
*2. Je préfère prendre l'autoroute.*
*3. Sur la route, on trouve beaucoup de camions.*
*4. Ma voiture est en panne.*
*5. Ma voiture ne démarre pas.*

### SOLUTIONS

**A.** *1. Je cherche une station-service.*
*2. Avez-vous des billets pour le bateau qui fait la traversée demain à huit heures ?*
*3. Je n'ai pas de permis de conduire.*
*4. Vous n'avez pas d'essence sans plomb ?*
*5. Pouvez-vous m'indiquer les horaires d'autocar pour se rendre à Ségovie ?*

**B.** 1. Un billete ida y vuelta para Madrid.
2. Prefiero coger la autopista.
3. En la carretera hay muchos camiones.
4. Mi coche tiene una avería.
5. Mi coche no arranca.

---

### LE PRADO

• Le **Prado**, c'est toute la peinture de l'Occident ! C'est 700 toiles de l'école hollandaise et de l'école flamande : **Jerôme Bosch** et son tryptique fantasmagorique du *Jardin des délices* ; c'est *Le triomphe de la mort* de **Bruegel**, et c'est **Memling, Rembrant** et **Rubens**. C'est l'école italienne avec **Raphaël** et son *Cardinal impénétrable*, **Le Titien** représentant *Charles Quint* ou la *Bacchanale*. C'est la Renaissance de **Fra Angélico** avec *l'Annonciation* .
• C'est une fabuleuse collection de **Greco** (*Le Chevalier à la main sur le cœur*), de **Velázquez**, avec les *Ménines*, triomphe de réalisme et d'intimisme, de la lumière et de la perpective.
• C'est aussi les natures mortes de **Zurbarán** ; c'est **Ribera** et **Murillo**.
Le XVIIIe français est bien représenté avec *Poussin, Lorrain, Chardin*, etc.
Pendant la guerre civile, une partie des œuvres fut transférée à Valence, puis en Suisse et revint (de nuit) en septembre 1939...par un train « banalisé ».

## B10   L'hôtel
### El hotel

| | |
|---|---|
| le séjour | **la estancia** |
| hébergement | **alojamiento** |
| la chambre | **la habitación** |
| une chambre unique | **una habitación sencilla** |
| une chambre double | **una habitación doble** |
| un lit | **una cama** |
| un grand lit | **una cama de matrimonio** |
| des lits jumeaux | **camas gemelas** [jémélass] |
| un lit supplémentaire | **una cama supletoria** |
| la salle de bains | **el cuarto de baño** |
| le chauffage | **la calefacción** |
| le robinet | **el grifo** |
| réveiller | **despertar** |
| complet | **completo** |
| porter les bagages | **llevar el equipaje** |
| réserver | **reservar** |
| annuler | **cancelar** |
| une réservation | **una reserva** |
| rester | **quedarse** |
| partir | **marcharse** |
| commander | **pedir** |
| la table | **la mesa** |
| manger | **comer** |
| boire | **beber** |
| le déjeuner | **el almuerzo** |
| le petit déjeuner | **el desayuno** |
| le dîner | **la cena** |
| le menu | **el menú** |
| les hors-d'œuvre | **los entremeses** |
| le plat de résistance | **el plato principal** |
| le dessert | **el postre** |
| l'addition | **la cuenta** |
| une serviette | **una servilleta** |
| le serveur | **el camarero** [kamaréro] |
| la serveuse | **la camarera** |
| la T. V. A. | **el I. V. A.** [iba] |
| le pourboire | **la propina** |
| la carte de crédit | **la tarjeta de crédito** [tarjéta] |

## B10 — ENTRAÎNEZ-VOUS

**A. Que veut dire en français ?**
1. Quisiera reservar una habitación para dos personas.
2. ¿Está incluido el I.V.A.?
3. Me veo en la obligación de cancelar mi estancia.
4. ¿Puede usted despertarme a las siete, por favor?
5. ¿Puedo pagar con la tarjeta de crédito?
6. La calefacción no funciona.
7. Lo siento pero el hotel está completo.

**B. Comment dire en espagnol ?**
*1. Je souhaite un lit supplémentaire dans ma chambre.*
*2. Le robinet ne marche pas très bien.*
*3. Le dîner est à quelle heure ?*
*4. Je n'ai pas réservé.*
*5. Je préfère cette table.*
*6. Pouvez-vous m'apporter l'addition ?*

## SOLUTIONS

**A.**
*1. Je voudrais réserver une chambre pour deux personnes.*
*2. La T.V.A. est-elle incluse ?*
*3. Je suis dans l'obligation d'annuler mon séjour.*
*4. Pouvez-vous me réveiller à sept heures, s'il vous plaît ?*
*5. Puis-je payer avec la carte de crédit ?*
*6. Le chauffage ne marche pas*
*7. Je regrette, mais l'hôtel est complet.*

**B.**
1. Quisiera una cama supletoria en mi habitación.
2. El grifo no funciona bien.
3. ¿A qué hora es la cena ?
4. No he reservado.
5. Prefiero esta mesa.
6. ¿Puede traerme la cuenta ?

---

### LE CINÉMA ESPAGNOL

- Le grand maître du cinéma espagnol est **Luís Buñuel** dont le premier film (1928) *Un chien andalou* fut réalisé en collaboration avec le peintre **Salvador Dalí**. Suivirent *l'Âge d'or* (1930), *Los olvidados* (1950), *Viridiana* (1961), *L'ange exterminateur* (1962), *Belle de Jour* (1966), *La voie lactée* (1966), *Tristana* (1970), *Le charme discret de la bourgeoisie* (1972), *Le fantôme de la liberté* (1974), *Cet obscur objet du désir* (1977) : c'était un provocateur et un précurseur et ils sont nombreux à être marqués par ses réalisations.

Parmi les autres grands réalisateurs il faut retenir :
- **J. Antonio Bardem** avec *Bienvenido mister Marshall* (1952), *Muerte de un ciclista* (1955), *Los pianos mecánicos* (1965), *Jarabo* (1984).
- **Carlos Saura** avec *El cochecito* (1960), *Ana y los lobos* (1972), *La prima Angélica* (1973), *Cria cuervos* (1975), *Bodas de sangre* (1981), etc.
- **Luis G. Berlanga** avec *La vaquilla* (1984).
- **Mario Camus** avec *Los santos inocentes* (1984), *Marbella* (1985).
- **Manuel Gutierez Aragón** avec *Demonios en el jardín* (1982).

Le plus connu actuellement est **Pedro Almodóvar** : voir **A18**.

## B11 — La ville / La ciudad

|  |  | |
|---|---|---|
| la maison | la casa | |
| l'appartement | el piso (el apartamento) | |
| l'adresse | la dirección | |
| la rue | la calle | |
| l'avenue | la avenida | |
| la place | la plaza | |
| la place centrale | la plaza mayor | |
| le quartier | el barrio | |
| le paté de maisons | la manzana | |
| le centre ville | el centro ciudad | |
| la banlieue | el extrarradio, las afueras | |
| la mairie | el ayuntamiento | |
| l'office du tourisme | la oficina de turismo | |
| la circulation | la circulación | |
| les embouteillages | los atascos | |
| le bus | el autobús | |
| l'arrêt du bus | la parada del autobús | |
| le piéton | el peatón | |
| aller à pied | caminar | |
| une rue piétonne | una calle peatonal | |
| le passage clouté | el paso de peatones | |
| le croisement | el cruce | [krouzé] |
| le carrefour | la encrucijada | [e-nkrouzijada] |
| le sens unique | la dirección única | |
| le sens interdit | la dirección prohibida | |
| le parking | el aparcamiento | |
| stationner | estacionar, aparcar | |
| interdit | prohibido | |
| les feux de signalisation | los semáforos | |
| rouge, jaune, vert | rojo, amarillo, verde | |
| la contravention | la multa | [moulta] |
| aller tout droit | ir todo derecho | [dérétcho] |
| tourner à droite (gauche) | girar a la derecha (izquierda) | [jirar] |

## B11 — ENTRAÎNEZ-VOUS

**A. Que veut dire en français ?**
1. Vivo en el centro ciudad.
2. La manzana donde vive está cerca de la playa mayor.
3. Después de la encrucijada deberá girar a la izquierda.
4. ¿ Puede decirme donde está la parada de taxis ?
5. Si aparca ahí le pondrán una multa.

**B. Comment dire en espagnol ?**
1. C'est un rue à sens unique.
2. Ce parking est-il gardé ?
3. J'aime bien marcher dans les avenues et les rues de ce quartier.
4. Il faut aller tout droit et ensuite tourner à gauche.

## SOLUTIONS

A. *1. J'habite dans le centre ville.*
*2. Le pâté de maisons où il habite est près de la place centrale.*
*3. Après le carrefour vous devez tourner à gauche.*
*4. Pouvez-vous me dire où se trouve l'arrêt des taxis ?*
*5. Si vous stationnez ici, vous aurez une amende.*

B. 1. Es una calle de sentido único.
2. Está vigilado este aparcamiento.
3. Me gusta caminar por las avenidas y las calles de este barrio.
4. Hay que ir todo derecho y después girar a la izquierda.

---

### BUENOS AIRES

- Fondée en 1536 par les Espagnols, détruite par les Indiens, reconstruite en 1580 sur les bords du **río de la Plata** dont l'embouchure – qui la sépare de l'**Uruguay** – atteint 40 km de large, c'est d'abord un riche port commercial.
- Ville immense de 12 millions d'habitants au pays de la démesure, développée par les immigrés européens [1] concentrés dans le quartier de **la Boca** et du **Riachuelo** [2], elle compte des Italiens, des Espagnols, des Anglais (ils construisirent le chemin de fer) et des Portugais, elle possède la plus large avenue du monde : **la Avenida 9 de Julio**.
- Les quartiers du centre ville à l'allure européenne traduisent sa richesse en (déclin) et son caractère de « melting pot. »
Son opéra, le **Teatro Colón**, attire les plus grands artistes du monde.
- Le remodelage architectural des docks en a fait un quartier à la mode, qui s'ajoute à ceux traditionnels de **San Telmo**, ou l'élégante rue de **la Florida**.
- **La Casa Rosada** (résidence du chef de l'Etat), l'ancienne mairie du XVIIIe siècle ou **Cabildo**, bordent le *place de Mai*. Le café **Tortoni** rappelle un peu plus loin que Buenos Aires est la capitale du **tango**[3], et les quartiers du bois de **Palermo** frappent par leur luxe et leur fleurissement de **jacaranda** bleus et de **lavatubos** rouges, de « **ceibos** » (l'arbre national) écarlates.
Le sens de l'hospitalité et de la convivialité en font une des villes les plus accueillantes du monde.

---

[1] **B.A** est passé de 177 000 habitants en 1869 à 1 120 000 en 1910 et devint en 1960 la cinquième ville du monde après New York, Tokyo, Londres et Paris.
[2] où **Aristote Onassis**, jeune immigré fit ses débuts comme « passeur » de bateau.
[3] voir **B12**

## B12 — Les courses / Las compras

| | |
|---|---|
| un magasin, une boutique | **una tienda** |
| les grands magasins | **los grandes almacenes** |
| acheter | **comprar** |
| vendre | **vender** |
| qu'y a-t-il pour votre service ? | **¿ qué desea ?** |
| on s'occupe de vous ? | **¿ le atienden ?** |
| un vendeur, une vendeuse | **un vendedor, una vendedora** |
| l'argent | **el dinero** |
| l'argent liquide | **el dinero efectivo** |
| un billet | **un billete** |
| une pièce de monnaie | **una moneda** |
| le chèque | **el cheque**, [tchéké] **el talón** |
| la carte bancaire | **la tarjeta bancaria** |
| acheter à crédit | **comprar a plazos** |
| payer comptant | **pagar al contado** |
| je paye comptant | **pago al contado** |
| c'est combien ? | **¿ cuánto es ?** |
| ça coûte mille euros | **vale mil euros** |
| les soldes | **las rebajas** |
| une bonne affaire | **una ganga** [ga-nga] |
| passer une commande | **hacer un pedido** |
| c'est cher | **es caro** |
| c'est très cher | **es muy caro** |
| ce n'est pas cher | **es barato** |
| avez-vous de la monnaie | **¿ tiene cambio ?** |

## ENTRAÎNEZ-VOUS

**A. Que veut dire en français ?**
1. No es muy caro.
2. ¿ Aceptan las tarjetas bancarias ?
3. Sólo aceptamos el dinero en efectivo.
4. Es demasiado caro.
5. Siempre pago al contado.

**B. Comment dire en espagnol ?**
*1. Je n'ai pas de monnaie.*
*2. Cet article à ce prix là, c'est une bonne affaire.*
*3. Quand on achète tout est cher et quand on vend tout est bon marché.*
*4. La maison n'accepte pas les chèques.*

## SOLUTIONS

**A.**
1. Ce n'est pas très cher.
2. Acceptez-vous les cartes bancaires ?
3. Nous n'acceptons que l'argent liquide.
4. C'est trop cher.
5. Je paye toujours comptant.

**B.**
1. No tengo cambio.
2. Este artículo y a este precio es una ganga.
3. Cuando se compra todo es caro. y cuando se vende todo es barato.
4. La casa no acepta los cheques.

---

### LE TANGO ARGENTIN

Le **tango** c'est toute l'Argentine ! C'est dans le dernier quart du XIX$^e$ siècle, l'expression du « spleen », de la détresse des immigrés européens dans le quartier portuaire de **la Boca** à Buenos Aires ; c'est le rêve érotique d'hommes seuls dans les bouges [1] du port, faits de bois et de tôle ondulée sur les bords du **Riachuelo**, tout près des **conventillos** [2] qu'ils habitent, à deux pas de l'immense ville riche et moderne.

Le **tango**, c'est un peu – dans la lettre des chansons – une étude sociale de la vie des déracinés, des mauvais garçons... et de l'absence d'une mère...

Le **tango** c'est la magie sensuelle d'une danse, des postures hautaines, un mystère, nostalgique, tout cela joué, chanté et dansé.

Le **tango** c'est une figure de danse qui n'est comparable à aucune autre, élancée, vive, stylisée, lascive, évocatrice, fugace et lointaine.

Le **tango** c'est la longue plainte du bandonéon au son du piano et du violon.

Le **tango** c'est **Carlos Gardel** [3]... un toulousain émigré et **Astor Piazzola**.

Le **tango** c'est plus d'un siècle de succès sur scène, au théâtre, à l'opéra, au cinéma.

---

[1] **bailongo** (« *bastringue* »)

[2] habitat collectif à plusieurs étages ceints d'une galerie couverte autour d'une cour, où l'on faisait la cuisine et la lessive ;

[3] ... « Le lampadaire de la rue où je suis né fut le témoin de mes promesses d'amour... ». Lettre : **Alfredo de La Pera**, musique **Carlos Gardel** chanté en 1934 dans le film **Cuesta Abajo**.

## B13 — Le temps / El tiempo

| | | |
|---|---|---|
| l'hiver | **el invierno** | |
| le printemps | **la primavera** | |
| l'été | **el verano** | |
| l'automne | **el otoño** | |
| le climat | **el clima** | |
| le vent | **el viento** | |
| la pluie | **la lluvia** | |
| pleuvoir | **llover** | |
| il pleut (en général) | **llueve** | |
| il pleut (en ce moment) | **está lloviendo** | |
| la neige | **la nieve** | |
| neiger | **nevar** | |
| il neige | **está nevando** | |
| la grêle | **el granizo** | |
| des averses | **chubascos** | [tchoub**a**sskoss] |
| la canicule | **la canicula** | |
| la chaleur | **el calor** | |
| la forte chaleur | **el bochorno** | [botch**o**rno] |
| le soleil | **el sol** | |
| les nuages | **las nubes** | [nou**b**éss] |
| un orage | **una tormenta** | |
| la foudre | **el rayo** | |
| clair | **claro** | |
| ensoleillé | **soleado** | |
| nuageux | **nuboso** | |
| pluvieux | **lluvioso** | |
| orageux | **tormentoso** | |
| sec | **seco** | |
| humide | **húmedo** | |
| chaud | **caluroso** | [kalour**o**sso] |
| froid | **frío** | |
| il fait beau temps | **hace buen tiempo** | |
| il fait chaud | **hace calor** | |
| il fait froid | **hace frío** | |
| le bulletin météo | **el parte meteorológico** | |

## B13 — ENTRAÎNEZ-VOUS

**A. Que veut dire en français ?**
1. En esta región no llueve casi nunca.
2. En invierno hace mucho frío y en verano mucho calor.
3. Es una tarde soleada ideal para una corrida de toros.
4. Estábamos paseando y nos sorprendió un brusco chubasco.
5. Durante el verano, el granizo es frecuente en esta zona.

**B. Comment dire en espagnol ?**
1. *Avez-vous entendu le bulletin météo ?*
2. *C'est un climat très sec.*
3. *Nous ne pourrons pas faire l'excursion : il pleut.*
4. *Il fait trop chaud pour sortir dans la rue.*
5. *Le climat idéal de la région, c'est au printemps : ni trop sec ni trop chaud.*

## SOLUTIONS

**A.**
1. Dans cette région il ne pleut presque jamais.
2. En hiver, il fait très froid et en été très chaud.
3. C'est un après-midi ensoleillé idéal pour une corrida.
4. Nous étions en promenade et une brusque averse nous a surpris.
5. L'été, la grêle est très fréquente dans cette région.

**B.**
1. ¿ Ha escuchado el parte meteorológico ?
2. Es un clima muy seco.
3. No podremos hacer la excursión : está lloviendo.
4. Hace demasiado calor para salir a la calle.
5. El clima ideal de la región es en primavera : ni demasiado seco ni demasiado caluroso.

---

### LE CLIMAT

Il existe en Espagne trois types de climat :
- La majeure partie de l'Espagne centrale est soumise à *un climat*, **un clima**, quasi continental, peu différent de celui de l'Europe centrale. Les écarts de température, **temperatura**, y sont très accentués avec un *hiver*, **invierno**, rigoureux et un *été*, **verano**, très chaud.
- Du climat de la Castille, un proverbe dit : **Nueve meses de invierno, y tres de infierno**, *Neuf mois d'hiver, trois d'enfer.*
- Les régions tournées vers la mer *Cantabrique*, au Nord, jouissent d'un *climat tempéré*, **templado**, très humide, **húmedo**.
- Enfin, un climat *méditerranéen*, **mediterráneo**, règne sur la côte orientale et méridionale et dans les plaines de l'Andalousie où les pluies sont rares. Dans les provinces de *Murcie* et *d'Almeria*, la sécheresse est telle qu'on peut parler de climat désertique.

## B14 Le corps
## El cuerpo

| | | |
|---|---|---|
| la tête | **la cabeza** | [kab**é**za] |
| le visage | **la cara** | |
| les cheveux | **el pelo** | |
| les yeux | **los ojos** | |
| les oreilles | **las orejas** | |
| le nez | **la nariz** | |
| la bouche | **la boca** | |
| une dent | **un diente, las muelas** | |
| les dents | **los dientes, una muela** | |
| un os | **un hueso** | [ou**é**sso] |
| la peau | **la piel** | |
| le sang | **la sangre** | |
| le cerveau | **el cerebro** | |
| la poitrine | **el pecho** | [p**é**tcho] |
| l'estomac | **el estómago** | |
| le bras | **el brazo** | |
| la main | **la mano** | |
| le doigt | **el dedo** | |
| la jambe | **la pierna** | |
| le pied | **el pie** | |
| le cœur | **el corazón** | |
| respirer | **respirar** | |
| marcher | **andar** | |
| s'asseoir | **sentarse** | |
| se lever | **levantarse** | |
| se coucher | **acostarse** | |
| se reposer | **descansar** | |
| transpirer | **sudar** | [soud**a**r] |
| grand | **alto, grande** | |
| petit | **pequeño** | |

## B14 — ENTRAÎNEZ-VOUS

### A. Que veut dire en français?
1. Quisiera dar mi sangre.
2. Tengo el pelo negro.
3. Tengo el corazón muy delicado.
4. Me duele el estómago.
5. Mis ojos son azules.

### B. Comment dire en espagnol ?
1. Il a de beaux yeux.
2. J'ai mal aux dents.
3. J'ai la peau sèche.

---
### SOLUTIONS

**A.**
1. Je voudrais donner mon sang.
2. J'ai les cheveux noirs.
3. J'ai un cœur assez délicat.
4. J'ai mal à l'estomac.
5. Mes yeux sont bleus.

**B**
1. Tiene ojos bonitos.
2. Me duelen las muelas.
3. Tengo la piel seca.

---

### LES PHARMACIES — **FARMACIAS**

- En Espagne, les *pharmacies*, **farmacias,** sont reconnaissables grâce à la *croix*, **cruz**, de couleur *verte*, **verde**. Les *horaires d'ouverture*, **las horas de apertura**, sont ceux de beaucoup de commerces habituels (9 h-13 h et 16 h-19 h) avec beaucoup de variantes selon les régions et les villes. Vous trouverez toujours une *pharmacie de garde*, **farmacia de guardia**, ouverte *jour et nuit*, **día y noche**. Pour cela consultez les *adresses*, **direcciones**, dans les *journaux* **periódicos** locaux à la *rubrique*, **rúbrica** « **Farmacias de guardia** » ou « **Farmacias de servicio de urgencia** ».

- Vous y trouverez les *médicaments*, **medicinas**, que vous cherchez, parfois sous le même nom, (**nombre**). Montrez votre boîte de médicaments au *pharmacien*, **farmacéutico**, qui vous trouvera *l'équivalent*, **equivalente** espagnol.

## B15 — La santé / La salud

| | | |
|---|---|---|
| le malade | el enfermo | |
| la maladie | la enfermedad | |
| tomber malade | enfermar | |
| soigner | curar | [kourar] |
| guérir | sanar | |
| blessé | herido | [érido] |
| la blessure | la herida | |
| avoir mal | doler | |
| j'ai mal | me duele | [douélé] |
|   ici |   aquí | |
|   à la tête |   la cabeza | |
|   à l'estomac |   el estómago | |
| j'ai mal aux dents | me duelen las muelas | [mouélass] |
| je veux voir un docteur | quiero ver a un médico | |
| appeler un docteur | llamar a un médico | |
| c'est urgent | es urgente | [our-jenté] |
| je ne me sens pas bien | no me encuentro bien | |
| j'ai de la fièvre | tengo fiebre | [fiébré] |
| je n'ai rien de grave | no tengo nada grave | |
| se casser une jambe | romperse una pierna | |
| le docteur | el doctor | |
| le dentiste | el dentista | |
| le spécialiste | el especialista | |
| le chirurgien | el cirujano | [ziroujano] |
| l'infirmière | la enfermera | |
| le pharmacien | el farmacéutico | [farmacé-outiko] |
| tousser | toser | |
| prendre un médicament | tomar una medicina | |
| l'ordonnance | la receta | |
| l'opération | la operación | |
| avoir la grippe | tener (la) gripe | |
| le rhume | el constipado | [konsstipado] |
| l'appendicite | la apendicitis | |

114

## B15 ENTRAÎNEZ-VOUS

**A. Que veut dire en français ?**
1. Hay que llamar a un médico ; es grave.
2. Debe tomar las medicinas de esta receta.
3. Estoy constipado.
4. Fui operado de la apendicitis el año pasado.
5. Me duele mucho esta muela.

**B. Comment dire en espagnol ?**
*1. Je veux voir un spécialiste du cœur.*
*2. Est-ce que cela vous fait mal ?*
*3. J'ai mal depuis deux jours.*
*4. Je n'ai plus de fièvre.*
*5. J'ai mal à la tête et aux jambes.*
*6. Où est l'hôpital ?*

## SOLUTIONS

**A.**
1. *Il faut appeler un médecin ; c'est grave.*
2. *Vous devez prendre les médicaments de cette ordonnance.*
3. *Je suis enrhumé.*
4. *J'ai été opéré de l'appendicite l'année dernière.*
5. *J'ai très mal à cette dent.*

**B.**
1. Quiero ver un especialista del corazón.
2. ¿ Le duele ?
3. Me duele desde hace dos días.
4. Ya no tengo fiebre.
5. Me duelen la cabeza y las piernas.
6. ¿ Dónde está el hospital ?

---

### CENTRE D'URGENCE – **CASA DE SOCORRO (AMBULATORIO)**

- En cas d'urgence, **urgencia**, des *centres de soins*, **casas de socorro**, dont tout le monde connaît *l'adresse*, **dirección**, vous accueilleront ; mais vous pouvez également vous adresser à un hôpital de la Sécurité sociale, de la *Croix-Rouge*, **Cruz Roja**, ou à une clinique privée.
- Dans les cas d'accident ou de problèmes graves tels que *brûlures*, **quemaduras**, *fractures*, **fracturas**, *perte de connaissance*, **pérdida de conocimiento**, *hémorragies*, **hemorragia**, *infarctus*, **infarto**, *crise aiguë*, **crisis aguda** d'une maladie chronique, *insolation*, **insolación**, *piqûre de serpent*, **mordedura de serpiente**, **alergia**, *allergie*, etc., il faut s'adresser directement aux *urgences*, **urgencias** ; en cas de nécessité de *soins*, **cuidados**, de *réanimation*, **reanimación**, on est transféré, **trasladado** à *l'unité de soin intensifs* (**Unidad de Vigilancia Intensiva** ou **UVI**).

## B16 Le sport
## El deporte

| | | |
|---|---|---|
| faire (pratiquer) un sport | **practicar un deporte** | |
| faire du cheval | **practicar la equitación** | |
| | **montar a cabalo** | [kabalyo] |
| faire une randonnée | **hacer una gira** | |
| faire de la voile | **practicar la vela** | |
| faire de la plongée | **practicar el buceo** | [bouzéo] |
| | **bucear** | |
| faire du vélo | **practicar el ciclismo** | [ziklissmo] |
| faire du bateau | **navegar** | |
| une excursion | **una excursión** | [éxkourssion] |
| en plein air | **al aire libre** | |
| la randonnée | **el senderismo** | |
| un sentier | **un sendero** | |
| la montagne | **la montaña** | |
| l'alpinisme | **el montañismo, el alpinismo** | |
| la rivière | **el río** | |
| la pêche | **la pesca** | [péska] |
| la plage | **la playa** | [playa] |
| la piscine | **la piscina** | |
| au bord de l'eau | **a la orilla del agua** | [orilya] |
| nager | **nadar** | |
| louer un bateau | **alquilar un barco** | |
| une planche à voile | **una tabla de vela** | |
| un voilier | **un velero** | |
| un vélo | **una bicicleta** | [bizikléta] |
| une raquette | **una raqueta** | |
| un ballon | **un balón** | |
| une balle | **una pelota** | |
| un terrain de golf | **un campo de golf** | |
| un court de tennis | **una cancha de tenis** | [kantcha] |
| un terrain de football | **un campo de fútbol** | |
| l'équipe | **el equipo** | |
| jouer un match | **jugar un partido** | |
| un but | **un tanto, un gol** | |
| faire match nul | **quedar empatados** | |
| gagner | **ganar** | |
| perdre | **perder** | |

## B16 — ENTRAÎNEZ-VOUS

**A. Que veut dire en français ?**
1. Las bicicletas se alquilan al lado del campo de golf.
2. Es normal perder jugando con campeones.
3. Nuestro equipo no está completo : ¿ quiere jugar con nosotros ?
4. ¿ Le gusta pescar ?

**B. Comment dire en espagnol ?**
*1. Où puis-je jouer au tennis ?*
*2. Voulez-vous jouer avec moi ?*
*3. Je ne sais pas nager.*
*4. Je souhaite apprendre à faire de la plongée.*
*5. Je voudrais louer une planche à voile.*
*6. Le court de tennis est fermé.*

### SOLUTIONS

**A.** *1. On loue des vélos près du terrain de golf.*
*2. Il est normal de perdre lorsqu'on joue avec des champions.*
*3. Notre équipe n'est pas au complet : voulez-vous jouer avec nous ?*
*4. Aimez-vous la pêche ?*

**B.** 1. ¿ Dónde puedo jugar al tenis ?
2. ¿ Quiere jugar conmigo ?
3. No sé nadar.
4. Deseo aprender a bucear.
5. Quisiera alquilar una tabla de vela.
6. La cancha de tenis está cerrada.

---

### LA CORRIDA

Phases du travail accompli avec chaque taureau :
1. • **Suerte de varas**, *phases de piques* : le torero reçoit la bête avec **la capa** ; les premières *passes*, **los pases** servent à faire connaissance…Le matador, avec ces passes, « amène » le taureau jusqu'au picador. Il doit recevoir entre un et trois coups de pique, **vara, puya**. La pique mal placée soulèvera les *protestations*, la **bronca**, du *public connaisseur,* **los aficionados**.
2. • **Suerte de banderillas** : elles sont placées par le torero lui-même ou par un **peón** de **su cuadrilla**, *membre de son équipe*. Le taureau **manso**, *nonchalant, qui ne charge pas*, **que no embiste**, aura des banderilles noires (symbole du blâme pour l'éleveur).
3. • **Suerte de matar**, *phase de la mise à mort* : le torero, avec sa **muleta** enchaîne une série de passes où la position du matador, le mouvement de son poignet tenant la muleta forment un tout et font la beauté plastique, l'émotion du moment. Pour la mise à mort, **el estoque**, *l'épée*, doit pénétrer entre les deux omoplates pour atteindre le cœur.

(suite **B17**)

## B17 L'école
## La escuela

| | | |
|---|---|---|
| l'école | **la escuela** | [ésskou**é**la] |
| l'école maternelle | **educación infantil (E.I.)**[1] | |
| l'école primaire | **escuela primaria (E.P.O.)**[2] | |
| le collège | **escuela segundaria (E.S.O.)**[3] | |
| le lycée | **instituto**[4] | |
| la faculté | **la facultad** | |
| l'université | **la universidad** | |
| l'école privée | **la academia** | [akad**é**mia] |
| | **la escuela privada** | |
| s'inscrire | **matricularse** | |
| le diplôme | **el diploma** | |
| la salle de classe | **el aula** (fém.) | |
| le professeur | **el profesor** | |
| le prof. certifié ou agrégé | **el catedrático** | |
| l'élève | **el alumno** | |
| l'étudiant | **el estudiante** | |
| étudier | **estudiar** | |
| travailler bien | **estudiar bien** | |
| apprendre | **aprender** | |
| comprendre | **comprender** | |
| lire | **leer** | |
| écrire | **escribir** | |
| les langues | **los idiomas** | |
| traduire (en) | **traducir (al)** | |
| le livre (manuel) | **el libro (manual)** | |
| le cahier | **el cuaderno** | |
| le mot | **la palabra** | |
| le chiffre | **la cifra** | |
| les matières | **las asignaturas** | |
| les examens | **los exámenes** | |
| les notes (notation) | **las notas** | |
| avoir des bonnes notes | **sacar buenas notas** | |
| les notes (sur le cahier) | **los apuntes** | [ap**ou**ntéss] |
| réussir un examen | **aprobar** | |
| échouer à un examen | **suspender** | |
| le trimestre | **el trimestre** | |
| les vacances | **las vacaciones** | |
| la rentrée | **la vuelta al colegio** | |

1. **E.I.** (3 à 6 ans).
2. **E.P.O.** (**O** = **obligatoria** : 6 à 12 ans).
3. **E.S.O.** (**O** = **obligatoria** : 12 à 16 ans).
4. 16 à 18 ans ; se termine par le **bachillerato**, *baccalauréat*.

## B17 — ENTRAÎNEZ-VOUS

**A. Que veut dire en français ?**
1. Es un alumno que saca buenas notas.
2. Si estudias bien, aprobarás. 3. Estudio varios idiomas.
4. Hay que matricularse antes de las vacaciones.

**B. Comment dire en espagnol ?**
1. *Mon fils va à l'école maternelle de mon quartier.*
2. *Pour s'inscrire à cette université, il faut avoir de bonnes notes.*
3. *J'ai échoué aux examens de juin.*

### SOLUTIONS

**A.**
1. *C'est un élève qui a de bonnes notes.*
2. *Si tu travailles bien, tu réussiras.*
3. *J'étudie plusieurs langues.*
4. *Il faut s'inscrire avant les vacances.*

**B.**
1. Mi hijo va a la escuela de párvulos de mi barrio.
2. Para matricularse en está universidad hay que sacar buenas notas.
3. Me han suspendido en los exámenes de junio.

---

### LA CORRIDA (suite)

LEXIQUE EXPLICATIF :

- *Blessures*, **cogidas** : elles ont souvent lieu au moment de la mise à mort. Le danger est toujours là, malgré les piques et les banderilles… De par la trajectoire de la corne, l'infection au bas ventre peut être galopante et mortelle.
- *Grâce*, **el indulto** : si un torero estime, à la fin de sa **faena**, que son « ennemi » a été noble et courageux, il demande au président de la corrida de le gracier (il deviendra reproducteur).
- *Public* : hétérogène. L'**aficionado** ne criera pas « olé » et n'applaudira pas une amorce de passe, si belle soit-elle… Il attend une série de passes bien *liées,* **ligados,** rappellant la communion émotionnelle et physique de deux danseurs ; c'est alors qu'il applaudira, accompagnant le **pasodoble** de la *fanfare*, **banda**.
- *Taureau* : grandit en liberté dans les *élevages*, **las ganaderías**, d'Andalousie et de Castille. Poids moyen : 450 à 500 kilos. Il n'y a pas deux taureaux identiques et donc deux comportements identiques sur l'arène : le **torero**[1] dispose de très peu de temps pour le connaître avant l'heure de vérité.

[1]. Attention le mot **toreador** a été « inventé » par Victor Hugo pour la rime !

## B18 — Les métiers / Los oficios

| | | |
|---|---|---|
| le travail | el trabajo | |
| travailler | trabajar | |
| le salaire | el sueldo (el salario) | |
| l'augmentation | el aumento | |
| toucher un salaire | cobrar un sueldo | [kobrar] |
| gagner de l'argent | ganar dinero | |
| embaucher | contratar | |
| l'embauche | la contratación | |
| licencier | despedir | |
| le licenciement | el despido | |
| le chômage | el desempleo (el paro) | |
| le chômeur | el desempleado (el parado) | |
| être au chômage | estar en paro | |
| la grève | la huelga | [ouélga] |
| le gréviste | el huelguista | |
| être en grève | ir a la huelga | |
| les bureaux | las oficinas | |
| l'emploi | el empleo | |
| le patron | el patrón | |
| l'ouvrier | el obrero | |
| l'employé | el empleado | |
| la secrétaire | la secretaria | |
| le directeur | el director | |
| le cadre | el ejecutivo | [éjékoutibo] |
| le cadre supérieur | el directivo | |
| le stagiaire | el cursillista | [kourssilyssta] |
| le bureau | el despacho | |
| l'informatique | la informática | |
| l'ordinateur | el ordenador | |
| la machine à calculer | la calculadora | |
| l'atelier | el taller | [talyér] |
| l'usine | la fábrica | |
| l'entreprise | la empresa | |
| la machine | la máquina | |
| le syndicat | el sindicato | |
| le patronat | la patronal | |

## B18 — ENTRAÎNEZ-VOUS

### A. Que veut dire en français ?
1. En el despacho del director de la fábrica están reunidos los directivos y los representantes de los obreros.
2. Desde mi contratación no he cobrado ningún sueldo.
3. Están en huelga en el taller.
4. El cursillista ha sido contratado.
5. Hay muchos parados en esta región.

### B. Comment dire en espagnol ?
*1. Je travaille dans les bureaux de cette entreprise.*
*2. La secrétaire est au chômage.*
*3. Nous avons eu une augmentation de salaire.*
*4. Je gagne assez d'argent pour vivre.*

### SOLUTIONS

**A.** *1. Dans le bureau du directeur de l'usine sont réunis les cadres supérieurs et les représentants des ouvriers.*
*2. Depuis mon embauche, je n'ai touché aucun salaire.*
*3. Ils sont en grève dans l'atelier.*
*4. Le stagiaire a été embauché.*
*5. Il y a beaucoup de chômeurs dans cette région.*

**B.** 1. Trabajo en las oficinas de esta empresa.
2. La secretaria está en paro.
3. Hemos tenido un aumento de sueldo.
4. Gano bastante dinero para vivir.

---

LA SEMAINE SAINTE EN ESPAGNE - **LA SEMANA SANTA EN ESPAÑA**

En mars ou avril, selon les années, l'Espagne est prise d'un accès de fièvre religieuse qui se traduit par les cérémonies de la *Semaine Sainte* : mais si les processions sont la représentation du drame de la **Passion du Christ** avec tout ce que cela suppose de tristesse, d'émotion et de douleur, le visiteur étranger ne pourra s'empêcher de remarquer la différence de nuances entre les cérémonies que l'on peut voir dans le Nord (celle de **Valladolid** est la plus célèbre) et dans le Sud (celle de *Séville* est sans doute la plus attirante de toute l'Espagne).
• Si à **Valladolid** cela peut vous sembler triste à première vue c'est à cause du tempérament de ses habitants (réservés, traditionalistes, résignés) qui vivent la Semaine Sainte comme une tragédie.
• Par contre à *Séville*, l'émotion peut même revêtir un aspect joyeux, qui n'est que le résultat de la profonde émotion et du besoin d'extérioriser de l'andalou.

## B19 Le téléphone
### El teléfono

| | |
|---|---|
| le téléphone | el teléfono |
| l'appel | la llamada |
| l'appel longue distance | la conferencia [konfére-nzia] |
| avez-vous le téléphone | ¿ tiene teléfono ? |
| quel est votre numéro ? | ¿ qué número es ? |
| mon numéro est le 456 78 09. | mi número es el cuatro cinco seis siete ocho cero nueve. |
| l'indicatif est le 91. | el prefijo es el nueve uno. |
| l'annuaire du téléphone | la guía telefónica |
| quand puis-je appeler ? | ¿ cuándo puedo llamar ? |
| le téléphone sonne. | llaman al teléfono. |
| décrocher le téléphone | descolgar [désskolgar] |
| composer un numéro | marcar un número |
| allô ! (quand on appelle) | ¡ oiga ! [oyga] |
| allô ! (quand on reçoit) | ¡ diga ! |
| ça sonne occupé. | está comunicando. |
| ça ne répond pas. | no contestan. |
| puis-je parler à… ? | ¿ puedo hablar con… ? |
| pouvez-vous me passer… ? | ¿ puede ponerme con… ? |
| poste 22 | extensión 22 |
| c'est de la part de… | es de parte de… |
| ne quittez pas. | no cuelgue. [kouelgué] |
| qui est à l'appareil ? | ¿ de parte de quién ? |
| qui demandez-vous ? | ¿ con quién quiere hablar ? |
| c'est une erreur. | se ha equivocado. [ékibokado] |
| il n'est pas là. | no está. |
| voulez-vous laisser un méssage ? | ¿ quiere dejar un mensaje ? |
| pouvez-vous rappeler | ¿ puede volver a llamar ? |
| raccrocher | colgar |
| un répondeur | un contestador |
| enregistrer un méssage | grabar un mensaje |
| y a-t-il un appel pour moi ? | ¿ hay una llamada para mí ? |
| une cabine téléphonique | una cabina telefónica |
| un fax | un fax |

# ENTRAÎNEZ-VOUS

## A. Que veut dire en français ?
1. Quiero dejar un mensaje para la señora Dupont.
2. ¿ Qué número hay que marcar para Francia ?
3. Si me llaman, dígales que no estoy.
4. No es normal que esté siempre comunicando.
5. Ha habido un error ; ¿ puede volver usted á marcar ?
6. Dígale que es de parte de su amigo Christián de París.

## B. Comment dire en espagnol ?
*1. Le numéro que je souhaite obtenir à Paris est le 47.58.01.09.*
*2. L'indicatif pour la France est le 33 et celui de Paris le 1.*
*3. Pouvez-vous me donner votre numéro de téléphone ?*
*4. Quelle est la meilleure heure pour vous appeler ?*
*5. Faites le 0 d'abord et ensuite c'est direct.*
*6. On a raccroché.*

## SOLUTIONS

**A.** *1. Je veux laisser un message pour M$^{me}$ Dupont.*
*2. Quel numéro faut-il composer pour la France ?*
*3. Si on m'appelle, dites que je ne suis pas là.*
*4. Ce n'est pas normal que cela sonne toujours occupé.*
*5. Il y a eu une erreur ; pouvez-vous refaire votre numéro ?*
*6. Dites-lui que c'est de la part de son ami Christian de Paris.*

**B.** 1. El número con el que quiero hablar en París es el 47.58.01.09.
2. El prefijo de Francia es el 33 y el de París el 1.
3. ¿ Puede darme su número de teléfono ?
4. ¿ Cuál es la mejor hora para llamarle ?
5. Marque el 0 primero y después es directo.
6. Han colgado.

### LE TÉLÉPHONE

- La Poste, **Correos**, est un monopole contrôlé par l'Etat, et le téléphone, **la Telefónica**, une société privée et cotée en Bourse.
- Il y a quelques expressions indispensables pour pouvoir *téléphoner*, **llamar por teléfono, telefonear** : celui qui appelle dit ¡ **Oiga** !, *Allô* ! (mot à mot *Ecoutez*), celui qui reçoit l'appel dit ¡ **Diga** ! *Allô* ! (mot à mot *Dites*).
- S'il n'identifie pas l'interlocuteur **¿Quién llama?**, *Qui est à l'appareil ?* ou bien , **¿de parte de quién?** *de la part de qui ?*; **un momento, por favor**, *un instant, s'il vous plaît*.
- Si le numéro de votre *correspondant*, **interlocutor**, est *occupé*, **está comunicando**, vous pouvez *envoyer un fax*, **poner un fax, faxear**.
- S'il est absent et qu'il possède *un répondeur*, **un contestador**, vous pouvez lui *laisser un message*, **dejar un mensaje**.

## B20 — Les médias / Los medios de comunicación

|  |  | |
|---|---|---|
| la radio | la radio | |
| écouter la radio | escuchar la radio | |
| le speaker | el locutor | [lokoutor] |
| l'auditeur | el oyente | [oyenté] |
| une émission | una emisión | |
| le transistor | el transistor | |
| la télévision | la televisión | [télébission] |
| regarder la télévision | ver la televisión | |
| l'écran | la pantalla | |
| une chaîne | una cadena | [kadéna] |
| le satellite | el satélite | |
| l'antenne parabolique | la parabólica | |
| allumer | encender | |
| éteindre | apagar | |
| le journal télévisé | las noticias | |
| la météo | el tiempo | |
| le film | la película | |
| le feuilleton | la serie | [sérié] |
| en V. O. | en versión original | |
| sous-titrée | subtitulada | |
| doublée | doblada | |
| le magnétoscope | el vídeo | |
| enregistrer une émission | grabar una emisión | |
| noir et blanc | blanco y negro | |
| un journal | un periódico | [périodiko] |
| un magazine | una revista | |
| un quotidien | un diario | |
| un hebdomadaire | un semanario | |
| le lecteur | el lector | |
| un abonnement | una suscripción | |
| les nouvelles | las noticias | |
| les événements | los sucesos | |
| un article | un artículo | |
| les journalistes | los periodistas | |
| la publicité (en général) | la publicidad | |
| une publicité (concrète) | un anuncio | |

## B20 — ENTRAÎNEZ-VOUS

**A. Que veut dire en français ?**
1. Quisiera suscribirme a este semanario.
2. Hay muchos anuncios y pocas noticias.
3. Aquí en España tenemos el sistema PAL y en Francia tienen el SECAM ; está película la verá en blanco y negro allí.
4. Quisiera comprar pilas nuevas para mi transistor.

**B. Comment dire en espagnol ?**
*1. Combien de chaînes de télévision y a-t-il ?*
*2. Avez-vous des journaux en français ?*
*3. À quelle heure est la météo ?*
*4. Je voudrais regarder la télévision française.*

---
### SOLUTIONS

**A.** *1. Je voudrais m'abonner à cet hebdomadaire.*
*2. Il y a beaucoup de publicités mais peu de nouvelles.*
*3. Ici, en Espagne, nous avons le système PAL et vous, en France vous avez le SECAM ; ce film, vous le verrez en noir et blanc là-bas.*
*4. Je voudrais acheter des piles neuves pour mon transistor.*

**B.** 1. ¿ Cuántas cadenas de televisión hay ?
2. ¿ Tiene periódicos en francés ?
3. ¿ A qué hora dan el tiempo ?
4. Quisiera ver la televisión francesa.

---

LA TÉLÉVISION

- Il existe deux chaînes publiques : la première, **TVE1 (Televisión española 1)** propose toutes sortes de *programmes*, **programas**, elle est, d'après les statistiques, la plus regardée par les familles ; **la 2** est davantage orientée vers un public jeune et intellectuel avec des programmes plus culturels et musicaux.
- Il y a aussi les chaînes privées : **Antena 3** bénéficie d'une grande *audience*, **audiencia**, et se veut une chaîne destinée à tout le monde : émissions culturelles, reportages, films, etc. **Tele 5**, très commerciale, offre des *jeux*, **juegos**, des films et des *feuilletons américains*, **series americanas**.
- Pour recevoir **Canal Plus**, il faut un *décodeur*, **descodificador**, et *être abonné(e)*, **estar abonado**.
- Par ailleurs, depuis 1983, chaque « autonomie » a sa propre chaîne de télévision et pour les communautés parlant une autre langue que l'espagnol, les émissions sont présentées dans cette langue régionale.

# Annexes

## Sommaire

1. Prononciation .................................................. 128
2. Epeler votre nom (CD) ..................................... 129
3. Accent tonique, accent écrit ............................. 129
4. Nombres ........................................................... 130
5. Quantités ......................................................... 130
6. L'article ............................................................ 131
7. Les noms ......................................................... 131
8. Les pronoms .................................................... 131
9. Les démonstratifs ............................................ 132
10. Les adjectifs .................................................... 133
11. Les possessifs ................................................. 133
12. Les adverbes ................................................... 133
13. Les comparatifs ............................................... 134
14. Les verbes ....................................................... 134
    1. premier groupe : **cantar** ........................... 135
    2. deuxième groupe : **beber** ........................ 135
    3. troisième groupe : **vivir** ........................... 136
    4. **ser** ............................................................ 136
    5. **estar** ......................................................... 137
    6. **ir** ............................................................... 137
    7. **tener** ......................................................... 138
15. Verbes irréguliers ............................................ 138
- Vocabulaire espagnol-français ....................... 140
- Vocabulaire français-espagnol ....................... 150
- Index grammatical .......................................... 160

# PRONONCIATION

■ Voyelles : il y en a cinq.
- *a, i* et *o* se prononcent comme en français.
- *e* se prononce toujours comme le *é* français (il n'y a pas de *e* muet).
- *u* se prononce toujours comme le *ou* français.

■ Consonnes : il y en a vingt-quatre.
- *b, d, f, k, l, m, n, p, q,* se prononcent comme en français.
→ Attention, le *d* final peut être prononcé comme un *z* affaibli (surtout en Castille et à Madrid) : **Madrid** [madriz], **verdad** [berdaz].
- Le *c* se prononce avec la langue entre les dents devant le *e* et le *i* ; mais il se prononce comme un *k* devant le *a*, le *o* et le *u*.
- Le *g* se prononce comme dans *gargouille* devant *a, o* et *u* mais, lorsqu'il précède les autres voyelles (*e* et *i*), il se prononce comme la **jota**, son guttural raclé (voir plus loin).
- Le *h* ne se prononce jamais.
- Le *j* (appelé **jota**) se prononce toujours de la même façon : il s'agit d'une sorte de *r* (raclement de la gorge).
- Le *r* est roulé légèrement lorsqu'il est entre deux voyelles et de façon plus forte lorsqu'il est en début de mot ou précédant une consonne.
- Le *s* se prononce toujours comme dans *assez*.
- Le *t* se prononce toujours comme dans *totem*.
- Le *v* se prononce toujours comme un *b* (comme dans *bébé*).
- Le *w* n'est pas à proprement parler une consonne espagnole et n'apparaît pas dans son alphabet. Il est prononcé soit comme un *b* soit, parfois, comme un *g*.
- Le *x* se prononce toujours comme dans *taxi*.
- Le *z* se prononce comme un *s* zézayé, c'est-à-dire avec la langue entre les dents.

■ Consonnes propres à l'espagnol
Elles sont au nombre de trois : *ch, ll, ñ.*
- Le *ch* est une consonne à part entière qui prend sa place dans l'alphabet après le *c* ; elle se prononce comme dans *tchèque*.
- Le *ll* est aussi une consonne qui prend sa place dans l'alphabet après le *l* ; c'est un son mouillé, comme dans *million*.
- Le *ñ*, surmonté d'un signe appelé *tilde*, est également une consonne à part entière : elle prend sa place dans l'alphabet après le *n* ; elle se prononce *gne* comme dans le français *cogne*, ex. : *niño* (ninyo).

# ÉPELER VOTRE NOM

| lettre | | correspondant à | lettre | | correspondant à |
|---|---|---|---|---|---|
| A | [a] | **Antonio** | N | [ene] | **Navarra** |
| B | [be] | **Barcelona** | Ñ | [ene] | **ñoño** |
| C | [ce] | **Carmen** | O | [o] | **Oviedo** |
| CH | [tche] | **chocolate** | P | [pe] | **París** |
| D | [de] | **Dolores** | Q | [cu] | **querido** |
| E | [e] | **Enrique** | R | [erre] | **Ramón** |
| F | [efe] | **Francia** | S | [ese] | **sábado** |
| G | [ge] | **Gerona** | T | [te] | **Tarragona** |
| H | [ache] | **historia** | U | [u] | **Ulises** |
| I | [i] | **Inés** | V | [uve] | **Valencia** |
| J | [jota] | **José** | W | [uve doble] | **Washington** |
| K | [ca] | **kilo** | X | [equis] | **Xiquena** |
| L | [ele] | **Lorenzo** | Y | [i griega] | **yegua** |
| Ll | [elle] | **Llobregat** | Z | [ceta] | **Zaragoza** |
| M | [eme] | **Madrid** | | | |

Exemple : M. CHAMAILLE devra dire : *che, a, eme, a, i, elle, e*, ou alors **chocolate, Antonio, Madrid, Inés, Llobregat, Enrique**.

## ACCENT TONIQUE – ACCENT ÉCRIT

■ **L'accent tonique** se situe généralement :
– sur l'avant-dernière syllabe pour les mots finissant par une voyelle, par *n* ou par *s* : Esp*a*ña, ll*a*ve, c*a*si, h*i*jo, aurr*e*sku[1], C*a*rmen, c*a*sas ;
– sur la dernière syllabe pour les mots finissasnt par une consonne autre que *n* ou *s* : carac*o*l, esper*a*r, rel*o*j, arr*o*z, verd*a*d.

■ **L'accent écrit** ne modifie pas la prononciation des voyelles ; en espagnol, toute voyelle, avec ou sans accent écrit, se prononce de façon semblable.

L'accent écrit sert à déterminer *la place anormale d'un accent tonique* qui ne se soumet pas à la règle énoncée précédemment.
Il s'agit donc :
– des mots qui s'accentuent sur la dernière syllabe et qui pourtant finissent par une voyelle, un *n* ou un *s* : est*á*, ir*é*, marroqu*í*, domin*ó*, tab*ú*, balc*ó*n, an*í*s ;
– des mots qui s'accentuent sur l'avant-dernière syllabe et qui finissent par une consonne (autre que *n* ou *s*) : m*á*rtir, m*á*rmol, alf*é*rez, *á*lbum ;
– des mots accentués sur une autre syllabe que l'une des deux dernières (quelle que soit la lettre finale) : M*á*laga, matem*á*ticas, m*ú*sica.

1. **aurresku** : danse basque.

## 4 NOMBRES

■ **Cardinaux** (v. p. 24 - Remarques)

| | | | |
|---|---|---|---|
| 0 cero | 10 diez | 20 **veinte** | 200 **doscientos** |
| 1 **uno** | 11 **once** | 30 **treinta** | 300 **trescientos** |
| 2 **dos** | 12 **doce** | 40 **cuarenta** | 400 **cuatrocientos** |
| 3 **tres** | 13 **trece** | 50 **cincuenta** | 500 **quinientos** |
| 4 **cuatro** | 14 **catorce** | 60 **sesenta** | 600 **seiscientos** |
| 5 **cinco** | 15 **quince** | 70 **setenta** | 700 **setecientos** |
| 6 **seis** | 16 **dieciséis** | 80 **ochenta** | 800 **ochocientos** |
| 7 **siete** | 17 **diecisiete** | 90 **noventa** | 900 **novecientos** |
| 8 **ocho** | 18 **dieciocho** | 100 **cien** | 1 000 **mil** |
| 9 **nueve** | 19 **diecinueve** / **diez y nueve** | 102 **ciento dos** | 1 000 000 **un millión** |

- 21 veintiuno idem jusqu'à 29 vintinueve.
- Le **y** s'emploie uniquement entre les dizaines et les unités :
  73 = **setenta y tres**    85 = **ochenta y cinco**
- Accord : seuls s'accordent l'unité et les centaines :
  **una mujer** *une femme*
  **doscientos perros** *deux cents chiens*
  **doscientas casas** *deux cents maisons*

■ **Ordinaux**

| | | | |
|---|---|---|---|
| 1ᵉʳ 1° **primero** | 4ᵉ 4° **cuarto** | 7ᵉ 7° **séptimo** | |
| 2ᵉ 2° **segundo** | 5ᵉ 5° **quinto** | 8ᵉ 8° **octavo** | |
| 3ᵉ 3° **tercero** | 6ᵉ 6° **sexto** | 9ᵉ 9°**noveno** | |
| | | 10ᵉ 10° **décimo** | |

- *N.B.* : Pour les rois, siècles, papes, etc., utilisez les ordinaux jusqu'à 10 et les cardinaux au-delà :
  **Carlos segundo** *Charles II*    **siglo octavo** *huitième siècle*
  **Luis dieciséis** *Louis XVI*    **siglo doce** *douzième siècle*

## 5 QUANTITÉS

- Multiples
  **doble** *double*
  **triple** *triple*
- Fractions
  **la mitad** *la moitié*    **un cuarto** *un quart*
  **un tercio** *un tiers*    **un quinto** *un cinquième*
- Quantités diverses
  **medio**, *demi*, s'emploie sans article :
  **medio día**, *une demi-journée*    **media hora**, *une demi-heure*
- Les pourcentages se rendent par l'expression **por ciento** :
  **dos por ciento** *deux pour cent*
  **treinta y cinco por ciento** *trente-cinq pour cent*
- Pour l'approximatif, faites précéder le chiffre de **unos, unas** :
  **unas cien personas** *environ cent personnes*
  **unos quince años** *quinze ans environ*

## 6 — L'ARTICLE

|          | défini      | indéfini      |
|----------|-------------|---------------|
| masculin | **el** et **los** | **un** et **unos** |
| féminin  | **la** et **las** | **una** et **unas** |

## 7 — LES NOMS

- Le genre

Parfois, il est le même qu'en français (**el gato**, *le chat*) mais il y a beaucoup d'exceptions (**el tomate**, *la tomate*).

En principe, sont masculins les noms terminés par *o* ou *or* et féminins ceux qui finissent par *a* ; mais les exceptions sont nombreuses. Pour passer du masculin au féminin, il suffit souvent de changer le *o* en *a* : **gato** (*chat*) = **gata** (*chatte*) ; ou d'ajouter un *a* : **francés** (*français*) = **francesa** (*française*).

- Le nombre

En général, il se construit e ajoutant un *s* ou un *es* au singulier : **casa** (*maison*) = **casas** (*maisons*) ; **flor** (*fleur*) = **flores** (*fleurs*).

## 8 — LES PRONOMS

### ■ Les pronoms personnels

| personne | genre | singulier | pluriel |
|----------|-------|-----------|---------|
| première | masculin / féminin | **yo** *je, moi* | **nosotros** / **nosotras** *nous* |
| deuxième | masculin / féminin | **tú** *tu, toi* | **vosotros** / **vosotras** *vous* de tutoiement |
| troisième | masculin / féminin / vouvoiement | **él** *il, lui* / **ella** *elle* / **usted** *vous* | **ellos** *ils, eux* / **ellas** *elles* / **ustedes** *vous* |

## ■ Les pronoms compléments

| complément<br>personne | | avec réfléchi | préposition | direct | indirect |
|---|---|---|---|---|---|
| première | | **me** | **mí** | **me** | **me** |
| deuxième | | **te** | **ti** | **te** | **te** |
| troisième | masc. | **se** | **él, sí** | **lo (le)** | **le (se)** |
| | fém. | **se** | **ella, sí** | **la** | **le (se)** |
| | neutre | **se** | **ello** | **lo** | **le (se)** |
| première | masc. | **nos** | **nosotros** | **nos** | **nos** |
| | fém. | **nos** | **nosotras** | **nos** | **nos** |
| deuxième | masc. | **os** | **vosotros** | **os** | **os** |
| | fém. | **os** | **vosotras** | **os** | **os** |
| troisième | masc. | **se** | **ellos, sí** | **los** | **les (se)** |
| | fém. | **se** | **ellas, sí** | **las** | **les (se)** |

➡ Le pronom complément direct suit toujours l'indirect :
**Te lo compro.** *Je te l'achète.*

➡ Le pronom complément se place avant le verbe (**lo compro**, *je l'achète*), sauf à l'impératif, au gérondif et à l'infinitif, où il est attaché juste derrière :
**Cómpramelo.** *Achète-le moi.*
**Comprarlo.** *L'acheter.*

- Le pronom indéfini *on* (traduction) :
- **se** (cas général) : **se habla español**, *on parle espagnol ;* troisième personne du pluriel sans sujet (dans le sens de *ils, eux*) : **en España bailan flamenco**, *en Espagne, on danse le flamenco ;*
- **uno** (sens de *quelqu'un*) parfois avec les verbes réfléchis : **cuando uno va a España**, *lorsque l'on va en Espagne.*

## 9 LES DÉMONSTRATIFS

Ils peuvent prendre une forme différente selon l'éloignement.

## ■ Adjectifs

| éloignement | ici | là | là-bas |
|---|---|---|---|
| masculin sg. | **este** *ce* | **ese** *ce* | **aquel** *ce* |
| féminin sg. | **esta** *cette* | **esa** *cette* | **aquella** *cette* |
| masculin pl. | **estos** *ces* | **esos** *ces* | **aquellos** *ces* |
| féminin pl. | **estas** *ces* | **esas** *ces* | **aquellas** *ces* |

## Pronoms démonstratifs

| éloignement | ici | là | là-bas |
|---|---|---|---|
| masculin sg. | **éste** *celui-ci* | **ése** *celui-ci* | **aquél** *celui-là* |
| féminin sg. | **ésta** *celle-ci* | **ésa** *celle-ci* | **aquélla** *celle-ci* |
| masculin pl. | **éstos** *ceux-ci* | **ésos** *ceux-là* | **aquéllos** *ceux-là* |
| féminin pl. | **éstas** *celles-ci* | **ésas** *celles-là* | **aquéllas** *celles-là* |
| neutre | **esto** *ceci* | **eso** *cela* | **aquello** *cela* |

N.B. : Adjectifs et pronoms démonstratifs ne se distinguent que par l'accent.

## 10 — LES ADJECTIFS

Ils trouvent en général la même place qu'en français :
**una casa blanca** *une maison blanche*

Le genre : sont masculins ceux finis en **o**, en **án**, en **ín**, en **ón**, en **or** et les adjectifs de nationalité. Pour le reste (féminin et pluriel), voir : 7 – Les noms.

➤ L'apocope : c'est la chute de la partie finale de certains adjectifs lorsqu'ils sont placés devant un nom :

| | | | |
|---|---|---|---|
| **uno** | *un* | devient | **un** |
| **grande** | *grand* | devient | **gran** |
| **alguno** | *quelque* | devient | **algún** |
| **bueno** | *bon* | devient | **buen** |
| **malo** | *mauvais* | devient | **mal** |
| **primero** | *premier* | devient | **primer** |
| **tercero** | *troisième* | devient | **tercer** |

## 11 — LES POSSESSIFS (voir page 60)

## 12 — LES ADVERBES

Ils se construisent à partir de l'adjectif (à la forme féminine quand il en a une) en lui ajoutant -**mente** :

**lento** *lent* **lenta** *lente* → **lentamente** *lentement*
**fácil** *facile* → **fácilmente** *facilement*

## 13 — LES COMPARATIFS

- Les comparatifs d'égalité : **tan … como**
  **tan grande como yo** *aussi grand que moi*

- Les comparatifs de supériorité : **más … que**
  **más grande que yo** *plus grand que moi*

- Les comparatifs d'infériorité : **menos … que**
  **menos pequeño que yo** *moins petit que moi*

- Le superlatif : article + **más**
  **el más grande** *le plus grand*

- Le superlatif absolu : on ajoute **-ísimo, -ísima**
  **un país bellísimo** *un pays très très beau*
  **un país grandísimo** *un pays très grand*

## 14 — LES VERBES

Il y en a trois groupes, se terminant par **-ar, -er** et **-ir**.

### ■ RAPPELS

- En espagnol, les pronoms personnels (**yo, tú, él,** *je, tu, il*) ne s'utilisent pas car la forme verbale est toujours significative ; les terminaisons verbales suffisent à comprendre de qui on parle :
  **(yo) doy** *je donne*  **(tú) das** *tu donnes*  **(él) da** *il donne*

- La forme interrogative se fait en ajoutant ¿ devant.

- La forme négative se fait en ajoutant **no** devant.

- Pour le vouvoiement, on utilise la 3ᵉ personne du singulier ou du pluriel (pronom **usted** ou **ustedes**) :
  **canta** *il chante* et *vous chantez* (*monsieur* ou *madame*)
  **cantan** *ils chantent* et *vous chantez* (*messieurs* ou *mesdames*)

- La 2ᵉ personne (**vosotros**) concerne un tutoiement pluriel qui n'existe pas en français ; il s'agit de plusieurs personnes qui seraient tutoyées prises séparément.

## 14.1 Conjugaison régulière du premier groupe : CANTAR / *CHANTER*

| INDICATIF | | | | |
|---|---|---|---|---|
| **Présent** | **Imparfait** | **Passé simple** | **Passé composé** | **Futur** |
| *Je chante, etc.* | *Je chantais, etc.* | *Je chantai, etc.* | *J'ai chanté, etc.* | *Je chanterai, etc.* |
| canto | cantaba | canté | he cantado | cantaré |
| cantas | cantabas | cantaste | has cantado | cantarás |
| canta | cantaba | cantó | ha cantado | cantará |
| cantamos | cantábamos | cantamos | hemos cantado | cantaremos |
| cantáis | cantabais | cantasteis | habéis cantado | cantaréis |
| cantan | cantaban | cantaron | han cantado | cantarán |

| CONDITIONNEL | SUBJONCTIF | | | IMPERATIF |
|---|---|---|---|---|
| | **Présent** | **Imparfait** | | |
| *Je chanterais, etc.* | *Que je chante, etc.* | *Que je chantasse, etc.* | | *Chante !, etc.* |
| cantaría | cante | cantara ou | cantase | |
| cantarías | cantes | cantaras | cantases | canta |
| cantaría | cante | cantara | cantase | cante |
| cantaríamos | cantemos | cantáramos | cantásemos | cantemos |
| cantaríais | cantéis | cantarais | cantaseis | cantad |
| cantarían | canten | cantaran | cantasen | canten |

| GÉRONDIF | PARTICIPE PASSÉ |
|---|---|
| *En chantant* | *Chanté* |
| cantando | cantado |

## 14.2 Conjugaison régulière du deuxième groupe : BEBER / *BOIRE*

| INDICATIF | | | | |
|---|---|---|---|---|
| **Présent** | **Imparfait** | **Passé simple** | **Passé composé** | **Futur** |
| *Je bois, etc.* | *Je buvais, etc.* | *Je bus, etc.* | *J'ai bu, etc.* | *Je boirai, etc.* |
| bebo | bebía | bebí | he bebido | beberé |
| bebes | bebías | bebiste | has bebido | beberás |
| bebe | bebía | bebió | ha bebido | beberá |
| bebemos | bebíamos | bebimos | hemos bebido | beberemos |
| bebéis | bebíais | bebisteis | habéis bebido | beberéis |
| beben | bebían | bebieron | han bebido | beberán |

| CONDITIONNEL | SUBJONCTIF | | | IMPERATIF |
|---|---|---|---|---|
| | **Présent** | **Imparfait** | | |
| *Je boirais, etc.* | *Que je boive, etc.* | *Que je busse, etc.* | | *Bois !, etc.* |
| bebería | beba | bebiera ou | bebiese | |
| beberías | bebas | bebieras | bebieses | bebe |
| bebería | beba | bebiera | bebiese | beba |
| beberíamos | bebamos | bebiéramos | bebiésemos | behamos |
| beberíais | bebáis | bebierais | bebieseis | bebed |
| beberían | beban | bebieran | bebiesen | beban |

| GÉRONDIF | PARTICIPE PASSÉ |
|---|---|
| *En buvant* | *Bu* |
| bebiendo | bebido |

## 14.3 Conjugaison régulière du troisième groupe : VIVIR / VIVRE

### INDICATIF

| Présent | Imparfait | Passé simple | Passé composé | Futur |
|---|---|---|---|---|
| *Je vis, etc.* | *Je vivais, etc.* | *Je vécus, etc.* | *J'ai vécu, etc.* | *Je vivrai, etc.* |
| vivo | vivía | viví | he vivido | viviré |
| vives | vivías | viviste | has vivido | vivirás |
| vive | vivía | vivió | ha vivido | vivirá |
| vivimos | vivíamos | vivimos | hemos vivido | viviremos |
| vivís | vivíais | vivisteis | habéis vivido | vivireis |
| viven | vivían | vivieron | han vivido | vivirán |

| CONDITIONNEL | SUBJONCTIF | | | IMPERATIF |
|---|---|---|---|---|
| | Présent | Imparfait | | |
| *Je vivrais, etc.* | *Que je vive, etc.* | *Que je vécusse, etc.* | | *Vis !, etc.* |
| viviría | viva | viviera ou | viviese | |
| vivirías | vivas | vivieras | vivieses | vive |
| viviría | viva | viviera | viviese | viva |
| viviríamos | vivamos | viviéramos | viviésemos | vivamos |
| viviríais | viváis | vivierais | vivieseis | vivid |
| vivirían | vivan | vivieran | viviesen | vivan |

| GÉRONDIF | PARTICIPE PASSÉ |
|---|---|
| *En vivant* | *Vécu* |
| viviendo | vivido |

## 14.4 Conjugaison du verbe: SER / ÊTRE

### INDICATIF

| Présent | Imparfait | Passé simple | Passé composé | Futur |
|---|---|---|---|---|
| *Je suis, etc.* | *J'étais, etc.* | *Je fus, etc.* | *J'ai été, etc.* | *Je serai, etc.* |
| soy | era | fui | he sido | seré |
| eres | eras | fuiste | has sido | serás |
| es | era | fue | ha sido | será |
| somos | éramos | fuimos | hemos sido | seremos |
| sois | erais | fuisteis | habéis sido | seréis |
| son | eran | fueron | han sido | serán |

| CONDITIONNEL | SUBJONCTIF | | | IMPERATIF |
|---|---|---|---|---|
| | Présent | Imparfait | | |
| *Je serais, etc.* | *Que je sois, etc.* | *Que je fusse, etc.* | | *Sois !, etc.* |
| sería | sea | fuera ou | fuese | |
| serías | seas | fueras | fueses | sé |
| sería | sea | fuera | fuese | sea |
| seríamos | seamos | fuéramos | fuésemos | seamos |
| seríais | seáis | fuerais | fueseis | sed |
| serían | sean | fueran | fuesen | sean |

| GÉRONDIF | PARTICIPE PASSÉ |
|---|---|
| *En étant* | *Été* |
| siendo | sido |

## 14.5 Conjugaison du verbe : ESTAR / ÊTRE

### INDICATIF

| Présent | Imparfait | Passé simple | Passé composé | Futur |
|---|---|---|---|---|
| *Je suis, etc.* | *J'étais, etc.* | *Je fus, etc.* | *J'ai été, etc.* | *Je serai, etc.* |
| estoy | estaba | estuve | he estado | estaré |
| estás | estabas | estuviste | has estado | estarás |
| está | estaba | estuvo | ha estado | estará |
| estamos | estábamos | estuvimos | hemos estado | estaremos |
| estáis | estabais | estuvisteis | habéis estado | estaréis |
| están | estaban | estuvieron | han estado | estarán |

| CONDITIONNEL | SUBJONCTIF | | | IMPERATIF |
|---|---|---|---|---|
| | Présent | Imparfait | | |
| *Je serais, etc.* | *Que je sois, etc.* | *Que je fusse, etc.* | | *Sois !, etc.* |
| estaría | esté | estuviera ou | estuviese | |
| estarías | estés | estuvieras | estuvieses | está |
| estaría | esté | estuviera | estuviese | esté |
| estaríamos | estémos | estuviéramos | estuviésemos | estemos |
| estaríais | estéis | estuvierais | estuvieseis | estad |
| estarían | estén | estuvieran | estuviesen | estén |

| GÉRONDIF | PARTICIPE PASSÉ |
|---|---|
| *En étant* | *Été* |
| estando | estado |

## 14.6 Conjugaison du verbe : IR / ALLER

### INDICATIF

| Présent | Imparfait | Passé simple | Passé composé | Futur |
|---|---|---|---|---|
| *Je vais, etc.* | *J'allais, etc.* | *J'allai, etc.* | *Je suis allé, etc.* | *J'irai, etc.* |
| voy | iba | fui | he ido | iré |
| vas | ibas | fuiste | has ido | irás |
| va | iba | fue | ha ido | irá |
| vamos | íbamos | fuimos | hemos ido | iremos |
| vais | ibais | fuisteis | habéis ido | iréis |
| van | iban | fueron | han ido | irán |

| CONDITIONNEL | SUBJONCTIF | | | IMPERATIF |
|---|---|---|---|---|
| | Présent | Imparfait | | |
| *J'irais, etc.* | *Que j'aille, etc.* | *Que j'allasse, etc.* | | *Va !, etc.* |
| iría | vaya | fuera ou | fuese | |
| irías | vayas | fueras | fueses | ve |
| iría | vaya | fuera | fuese | vaya |
| iríamos | vayamos | fuéramos | fuésemos | vayamos |
| iríais | vayáis | fuerais | fueseis | id |
| irían | vayan | fueran | fuesen | vayan |

| GÉRONDIF | PARTICIPE PASSÉ |
|---|---|
| *En allant* | *Allé* |
| yendo | ido |

## 14.7 Conjugaison du verbe : TENER / AVOIR

### INDICATIF

| Présent | Imparfait | Passé simple | Passé composé | | Futur |
|---|---|---|---|---|---|
| *J'ai, etc.* | *J'avais, etc.* | *J'eus, etc.* | *J'ai eu, etc.* | | *J'aurai, etc.* |
| tengo | tenía | tuve | he | tenido | tendré |
| tienes | tenías | tuviste | has | tenido | tendrás |
| tiene | tenía | tuvo | ha | tenido | tendrá |
| tenemos | teníamos | tuvimos | hemos | tenido | tendremos |
| tenéis | teníais | tuvisteis | habéis | tenido | tendréis |
| tienen | tenían | tuvieron | han | tenido | tendrán |

| CONDITIONNEL | SUBJONCTIF | | | | IMPERATIF |
|---|---|---|---|---|---|
| | Présent | | Imparfait | | |
| *J'aurais, etc.* | *Que j'aie, etc.* | | *Que j'eusse, etc.* | | *Aie !, etc.* |
| tendría | tenga | tuviera | ou | tuviese | |
| tendrías | tengas | tuvieras | | tuvieses | ten |
| tendría | tenga | tuviera | | tuviese | tenga |
| tendríamos | tengamos | tuviéramos | | tuviésemos | tengamos |
| tendríais | tengáis | tuvierais | | tuvieseis | tened |
| tendrían | tengan | tuvieran | | tuviesen | tengan |

| GÉRONDIF | PARTICIPE PASSÉ |
|---|---|
| *En ayant* | *Eu* |
| teniendo | tenido |

## 15 VERBES IRRÉGULIERS

- La diphtongaison

Dans le temps du présent (indicatif, subjonctif et impératif), sauf pour les première et deuxième personnes du pluriel, certains verbes transforment la voyelle sur laquelle tombe l'accent tonique en une diphtongue :
– le ***e*** devient ***ie*** (**sentar → siento, sientas, sienta, sentamos, sentáis, sientan**) ;
– le ***o*** devient ***ue*** (**poder → puedo, puedes, puede, podemos, podéis, pueden**).

- Les autres verbes irréguliers

| Verbes | | Indicatif Présent | Subjonctif Présent | Futur | Passé simple |
|---|---|---|---|---|---|
| andar | *marcher* | ... | ... | ... | anduve |
| caber | *contenir* | quepo | ... | cabré | cupe |
| caer | *tomber* | caigo | ... | ... | ... |
| -ducir | *-duire* | -duzco | ... | ... | -duje |
| dar | *donner* | doy | ... | ... | di |
| decir | *dire* | digo | ... | diré | dije |
| estar | *être* | estoy | ... | ... | estuve |
| haber | *avoir* | he | haya | habré | hube |
| hacer | *faire* | hago | ... | haré | hice |
| ir | *aller* | voy | vaya | ... | fui |
| oir | *entendre* | oigo | ... | ... | ... |
| poder | *pouvoir* | puedo | ... | podré | pude |
| poner | *mettre* | pongo | ... | pondré | ... |
| querer | *aimer* | quiero | ... | querré | quise |
| saber | *savoir* | sé | sepa | sabré | supe |
| salir | *sortir* | salgo | ... | saldré | ... |
| ser | *être* | soy | sea | ... | fui |
| tener | *avoir* | tengo | ... | tendré | tuve |
| traer | *apporter* | traigo | ... | ... | traje |
| valer | *valoir* | valgo | ... | valdré | ... |
| venir | *venir* | vengo | ... | vendré | vine |
| ver | *voir* | veo | vea | veré | ví |

Pensez aussi aux verbes tels que **imponer, componer, prevenir, contener, satisfacer,** etc., composés avec les verbes de la liste précédente.

# Vocabulaire de base espagnol-français

(Pour les vêtements, la nourriture, etc., consultez également les chapitres correspondants de la partie **B**.)
(Le genre n'est pas précisé ; en cas de changement de genre, le mot français est précédé d'un astérisque*.)
(Les mots évidents comme **pantalón, café** ou **aterrizaje** n'ont pas été retenus.)

**a menudo,** *souvent*
**abajo,** *en bas*
**abierto,** *ouvert*
**abogado,** *avocat*
**abrigo,** *manteau*
**abrir,** *ouvrir*
**aburrido,** *ennuyeux*
**acabar,** *finir*
**aceite,** *\*huile*
**aceptar,** *accepter*
**acera,** *\*trottoir*
**acompañar,** *accompagner*
**acordarse,** *se souvenir*
**acostar,** *coucher*
**acuerdo,** *accord*
**adelantar,** *devancer, doubler*
**adiós,** *au revoir*
**admirar,** *admirer*
**aduana,** *douane*
**aéreo,** *aérien*
**aeropuerto,** *aéroport*
**aficionado,** *amateur*
**afortunadamente,** *heureusement*
**agencia,** *agence*
**agradable,** *agréable*
**agradecer,** *remercier, être reconnaissant*
**agua,** *eau*
**ahora,** *maintenant*
**ahorrar,** *économiser*
**ahorros (caja de),** *caisse d'épargne*
**aire,** *air*
**al,** *au*
**alcanzar,** *atteindre*
**alfarería,** *poterie*
**alfombra,** *\*tapis*
**algo,** *quelque chose*
**alguien,** *quelqu'un*
**allí,** *là-bas*
**almacenes,** *grands magasins*
**almohada,** *\*oreiller*

**almorzar,** *déjeuner* (v)
**almuerzo,** *déjeuner* (n)
**alojamiento,** *hébergement*
**alquilar,** *louer*
**alquiler,** *\*location*
**alrededor,** *autour, environ*
**alto,** *haut, grand*
**altura,** *hauteur*
**amable,** *aimable*
**amanecer,** *lever du soleil*
**ambos,** *les deux*
**amigo,** *ami*
**amor,** *amour*
**ampliar,** *élargir, agrandir*
**ancho,** *large*
**andar,** *marcher*
**andén,** *quai* (gare)
**anillo,** *\*bague*
**anoche,** *hier soir*
**anochecer,** *crépuscule*
**antes,** *avant*
**antiguamente,** *jadis*
**anuncio,** *\*publicité, annonce*
**añadir,** *ajouter*
**año,** *\*année*
**apagar,** *éteindre*
**aparato,** *appareil*
**aparcamiento,** *parking, stationnement*
**aparcar,** *stationner*
**apartamento,** *appartement*
**apellido,** *nom de famille*
**apertura,** *ouverture*
**aprender,** *apprendre*
**apretar,** *serrer*
**aprovechar,** *profiter*
**aproximadamente,** *environ, à peu près*
**apuesta,** *\*pari*
**aquí,** *ici*
**árbol,** *arbre*
**arena,** *\*sable*

## ESPAGNOL-FRANÇAIS

**armario,** *armoire*
**arrancar,** *arracher, démarrer*
**arriba,** *en haut*
**artículo,** *article*
**asa,** *poignée*
**asar,** *rôtir, griller*
**ascensor,** *ascenseur*
**aseos,** *toilettes*
**asiento,** *\*place assise, siège*
**atar,** *attacher*
**aterrizar,** *atterrir*
**atrasado,** *retardé*
**atravesar,** *traverser*
**autobús,** *bus, autocar*
**autopista,** *autoroute*
**avería,** *panne*
**avisar,** *avertir*
**ayer,** *hier*
**ayudar,** *aider*
**azafata,** *hôtesse*
**azúcar,** *sucre*

**bailar,** *danser*
**bajar,** *descendre*
**banco,** *\*banque*
**bandeja,** *\*plateau*
**bandera,** *\*drapeau*
**bañar,** *baigner*
**baño,** *bain*
**barato,** *bon marché*
**barco,** *bateau*
**barrer,** *balayer*
**barrera,** *barrière*
**barrio,** *quartier*
**bastante,** *assez*
**basura,** *les ordures*
**beber,** *boire*
**bebida,** *boisson*
**bello,** *beau*
**bienvenida,** *bienvenue*
**bigote,** *\*moustache*
**billete,** *billet*
**blando,** *mou*
**boca,** *bouche*
**bocadillo,** *sandwich*
**boda,** *\*mariage*
**bodega,** *cave* (vin)
**bolígrafo,** *stylo à bille*
**bolsa,** *\*sac (en plastique)*
**bolsillo,** *\*poche*
**bolso,** *sac à main*
**bombero,** *pompier*
**bombilla,** *ampoule* (électrique)
**bonito,** *beau*
**borracho,** *saoul*
**bosque,** *bois, \*forêt*
**botas,** *bottes*
**botella,** *bouteille*
**botiquín,** *\*trousse de secours*
**botón,** *bouton*
**brazo,** *bras*
**brillar,** *briller*
**bucear,** *faire de la plongée*
**buenas noches,** *bonsoir, bonne nuit*
**buenas tardes,** *bonjour* (l'après-midi), *bonsoir*
**bueno,** *bon*
**buenos días,** *bonjour* (le matin)
**bulto,** *colis*
**burro,** *âne*
**buscar,** *chercher*
**buzón,** *\*boîte aux lettres*

**caballo,** *cheval*
**cabeza,** *tête*
**cabina,** *cabine*
**cada,** *chaque*
**cadena,** *chaîne*
**caer,** *tomber*
**caja,** *caisse*
**cajero,** *caissier*
**cajero automatico,** *\*billetterie*
**calculadora,** *calculette*
**calendario,** *calendrier*
**calentar,** *chauffer*
**calidad,** *qualité*
**caliente,** *chaud*
**callarse,** *se taire*
**calle,** *rue*
**calor,** *\*chaleur*
**calvo,** *chauve*
**cama,** *\*lit*

# ESPAGNOL-FRANÇAIS

**cámara fotografíca,** *\*appareil photo*
**camarero,** *serveur*
**camarera,** *serveuse, femme de chambre*
**cambiar,** *changer*
**cambio,** *changement, change* (argent)
**camino,** *chemin*
**campo,** *\*campagne*
**cancelar,** *annuler*
**cancha de tenis,** *\*court de tennis*
**cansado,** *fatigué*
**caña,** *canne, \*demi* (de bière)
**cara,** *figure, face*
**cargar,** *charger*
**carne,** *viande*
**caro,** *cher*
**carretera,** *route*
**carta,** *lettre*
**cartera,** *serviette à main, \*porte-document*
**casa,** *maison*
**casado,** *marié*
**casi,** *presque*
**causa,** *cause*
**cena,** *\*dîner* (n)
**cenar,** *dîner* (v)
**centro,** *centre*
**cerca,** *près*
**cerebro,** *cerveau*
**cerilla,** *allumette*
**cerradura,** *serrure*
**cerrar,** *fermer*
**cerveza,** *bière*
**cesta,** *\*panier*
**cielo,** *ciel*
**cierre,** *\*fermeture*
**cifra,** *\*chiffre*
**cigarrillo,** *\*cigarette*
**cigarro puro,** *cigare*
**cinta,** *\*ruban, bande*
**cita,** *\*rendez-vous*
**ciudad,** *ville*
**claro,** *claro*
**clavo,** *clou*
**clima,** *climat*

**cocina,** *cuisine*
**cocinar,** *faire la cuisine*
**coche,** *\*voiture*
**coger,** *prendre, saisir*
**cola,** *queue*
**colgar,** *suspendre*
**colocar,** *placer*
**color,** *\*couleur*
**comer,** *manger*
**comerciante,** *commerçant*
**comercio,** *commerce*
**comestibles,** *\*provisions*
**comida,** *\*repas*
**¿ cómo ?,** *comment ?*
**compartir,** *partager*
**compra,** *achat*
**comprar,** *acheter*
**compras,** *\*achats, shopping*
**comprobar,** *vérifier*
**con,** *avec*
**condón,** *préservatif*
**conducir,** *conduire*
**conductor,** *chauffeur*
**conocer,** *connaître*
**conseguir,** *réussir, arriver (à quelque chose)*
**constipado,** *enrhumé*
**consulado,** *consulat*
**contestación,** *réponse*
**contestador,** *répondeur*
**contestar,** *répondre*
**convencer,** *convaincre*
**corazón,** *cœur*
**correo,** *courrier*
**Correos,** *la Poste*
**correr,** *courir*
**corriente,** *\*courant*
**cortar,** *couper*
**cosa,** *chose*
**costa,** *côte* (littoral)
**costar,** *coûter*
**crecer,** *croître, grandir*
**creer,** *croire*
**cristal,** *verre*
**cruce,** *croisement*
**cruzar,** *croiser, traverser*
**cuadrado,** *carré*

142

## ESPAGNOL-FRANÇAIS

cuadro, *tableau*
¿ cuál ?, *lequel ?*
¿ cuándo ?, *quand ?*
¿ cuánto ?, *combien ?*
cuarto, *\*chambre*
cuarto de baño, *\*salle de bains*
cubo, *cube, seau*
cuchara, *cuillère*
cuchilla (de afeitar), *lame (à raser)*
cuchillo, *couteau*
cuenta, *note*
cuero, *cuir*
cuesta, *côte* (pente)
¡ cuidado !, *attention !*
cuidar, *soigner, faire attention*
culpa, *faute*
culpa mía, *ma faute*
curar, *soigner*
curva, *\*virage*
chalet, *\*villa*
champú, *shampooing*
chico, *garçon*
chimenea, *cheminée*
chófer, *chauffeur, conducteur*
chuleta, *côtelette*

dama, *dame*
daño, *dommage*
dar, *donner*
debajo, *dessous*
débil, *faible*
decepcionado, *déçu*
decidir, *décider*
decir, *dire*
dedo, *doigt*
dejar, *laisser*
del, *du*
delante, *devant*
deletrear, *épeler*
delgado, *maigre*
demasiado, *trop*
dentro, *dedans*
deprisa, *vite*
derecho, *droit*
desagradable, *désagréable*
desayuno, *petit déjeuner*

descanso, *repos*
descolgar (el teléfono), *décrocher le téléphone*
deseo, *désir*
desgraciadamente, *malheureusement*
desmayarse, *s'évanouir*
desnudo, *nu*
despacho, *bureau*
despertarse, *se réveiller*
después, *après*
destino, *destin, \*destination*
detrás, *derrière*
devolver, *rendre*
día, *jour*
diario, *journal, quotidien*
dibujar, *dessiner*
diente, *\*dent*
diferencia, *différence*
dinero, *argent*
dirección, *adresse, direction*
disfrutar, *jouir, profiter*
divertido, *amusant*
dividir, *diviser*
doble, *double*
doler, *avoir mal à*
dolor, *\*douleur*
¿ dónde ?, *où ?*
droga, *drogue*
dudar, *douter, hésiter*
durante, *pendant*
duro, *dur*

echar, *jeter, envoyer* (une balle)
edad, *\*âge*
efectivo (en), *en espèces*
elegir, *choisir*
ella, *elle*
embarcar, *embarquer*
embarazada, *enceinte*
embarque, *embarquement*
empezar, *commencer*
empleado, *employé*
empujar, *pousser*
encantado, *enchanté*
encender, *allumer*
encima, *au-dessus*

143

# ESPAGNOL-FRANÇAIS

encontrar, *trouver*
encrucijada, *\*carrefour*
enchufe, *\*prise électrique*
enfermera, *infirmière*
enfermo, *malade*
enfrente, *en face*
enfriar, *refroidir*
enseñar, *montrer*
entero, *entier*
entonces, *alors*
entrada, *entrée*
entremeses, *hors-d'œuvre*
enviar, *envoyer*
equipaje, *les bagages*
equipo, *\*équipe, équipement*
equivocarse, *se tromper*
escalera, *\*escalier*
escoger, *choisir*
esconderse, *se cacher*
escribir, *écrire*
escuchar, *écouter, entendre*
escuela, *école*
espectáculo, *spectacle*
esperar, *attendre, espérer*
espeso, *épais*
esquina, *\*coin*
estación, *gare, saison*
estancia, *\*séjour*
estropear, *abîmer*
estudiar, *étudier*
extranjero, *étranger*

fábrica, *usine*
falda, *jupe*
falso, *faux*
faltar, *manquer*
familia, *famille*
farmacia, *pharmacie*
feliz, *heureux*
feo, *laid*
ferrocarril, *chemin de fer*
fiebre, *fièvre*
firma, *signature*
firmar, *signer*
flor, *fleur*
folleto, *dépliant*

fondo, *fond*
francés, *français*
frase, *phrase*
fresco, *frais*
frío, *froid*
frontera, *frontière*
fruta, *\*fruit*
fuego, *feu*
fuera, *dehors*
fuerte, *fort*
fumador, *fumeur*
fumar, *fumer*
funcionar, *fonctionner*
futuro, *futur*

gafas, *lunettes*
ganar, *gagner*
ganga, *bonne affaire*
garaje, *garage*
gas, *gaz*
gasolina, *essence*
gasolinera, *staion-service*
gastar, *user, dépenser*
gente, *les gens*
girar, *tourner, effectuer un virement*
giro, *virement*
golpe, *coup*
gordo, *gros*
grabar, *enregistrer*
gracias, *merci*
grande, *grand*
grasa, *graisse*
guardar, *garder, ranger*
guía, *guide*
guía telefónica, *annuaire du téléphone*
gusto, *goût*

habitación, *chambre*
hablar, *parler*
hacer, *faire*
hambre, *faim*
hasta, *jusqu'à*
hay, *il y a*
hecho, *fait*
helado, *\*glace* (crème glacée)

# ESPAGNOL-FRANÇAIS

**herido,** *blessé*
**hermano,** *frère*
**herramienta,** *\*outil*
**hijo,** *fils, enfant*
**hilo,** *fil*
**hinchar,** *gonfler*
**hoja,** *feuille*
**hombre,** *homme*
**hora,** *heure*
**horario,** *horaire*
**hospital,** *hôpital*
**hotel,** *hôtel*
**hoy,** *aujourd'hui*
**huelga,** *grève*
**humedad,** *humidité*
**hundir,** *sombrer, couler*

**ida,** *\*aller*
**ida y vuelta,** *\*aller-retour*
**idea,** *idée*
**identidad,** *identité*
**igual,** *égal, semblable*
**importe,** *montant, \*somme*
**impuesto,** *impôt, \*taxe*
**incendio,** *incendie*
**incluir,** *comprendre, inclure*
**informar,** *renseigner*
**inscribirse,** *s'inscrire*
**intento,** *essai*
**interior,** *intérieur*
**interrumpir,** *interrompre*
**inválido,** *invalide*
**invierno,** *hiver*
**invitado,** *invité*
**ir,** *aller*
**irse,** *s'en aller*
**isla,** *île*
**izquierda,** *gauche*

**jarra,** *cruche, carafe*
**jefe,** *chef*
**joven,** *jeune*
**jubilación,** *retraite*
**jubilado,** *retraité*
**juego,** *jeu*
**jugar,** *jouer*
**juguete,** *jouet*

**junto,** *à coté de*

**lado,** *côté*
**lago,** *lac*
**lámpara,** *lampe*
**largo,** *long*
**lata,** *boîte de conserve*
**lavar,** *laver*
**leche,** *\*lait*
**leer,** *lire*
**lejos,** *loin*
**lengua,** *langue*
**lento,** *lent*
**levantar,** *lever*
**levantarse,** *se lever*
**ley,** *loi*
**libro,** *livre*
**ligero,** *léger*
**limpiar,** *nettoyer*
**limpio,** *propre*
**línea,** *ligne*
**líquido,** *liquide*
**litera,** *couchette*
**loco,** *fou*
**lograr,** *réussir, arriver (à quelque chose)*
**lugar,** *lieu*
**lujo,** *luxe*
**luz,** *lumière*

**llamada,** *\*appel*
**llamar,** *appeler*
**llave,** *clé*
**llegada,** *arrivée*
**llegar,** *arriver*
**llenar,** *remplir*
**lleno,** *plein*
**llevar,** *porter*
**llover,** *pleuvoir*
**lluvia,** *pluie*

**madera,** *\*bois*
**madre,** *mère*
**maleta,** *valise*
**malo,** *mauvais, méchant, malade*
**mañana,** *demain*

# ESPAGNOL-FRANÇAIS

mancha, *tache*
manchar, *tacher*
mano, *main*
manta, *couverture*
mapa, *\*carte* (géographique)
máquina, *machine*
mar, *\*mer*
marearse, *avoir le mal de mer*
marido, *mari*
marinero, *marin*
más, *plus, davantage*
matar, *tuer*
matrimonio, *mariage, couple (marié)*
medicina, *\*médicament*
médico, *médecin*
medio, *milieu, moyen*
mejor, *meilleur*
menos, *moins*
mensaje, *message*
mensual, *mensuel*
mercado, *marché*
mercancía, *marchandise*
mes, *mois*
mesa, *table*
mi, *mon, ma*
mía, *à moi, mienne*
miedo, *\*peur*
mirar, *regarder*
mío, *à moi, mien*
mismo, *même*
mojar, *mouiller*
molestar, *déranger*
moneda, *monnaie, pièce*
montaña, *montagne*
montar, *monter*
moreno, *brun, bronzé*
morir, *mourir*
motor, *moteur*
moverse, *bouger*
mucho, *beaucoup*
mueble, *meuble*
muela, *dent, molaire*
muerto, *mort*
mujer, *femme*
multa, *amende*
mundo, *monde*

museo, *musée*

nacer, *naître*
nacionalidad, *nationalité*
nada, *rien*
nadar, *nager*
nadie, *personne*
naranja, *orange*
navaja, *\*couteau* (de poche)
negocios, *affaires*
nervioso, *nerveux*
nieve, *neige*
niño, *enfant*
nivel, *niveau*
no, *non*
noche, *nuit*
nombre, *nom*
nombre de pila, *prénom*
nube, *\*nuage*
nublado, *nuageux*
nuestro, *notre*
nuestros, *nos*
nuevo, *nouveau*
número, *numéro, nombre*
nunca, *jamais*

obrero, *ouvrier*
ocupado, *occupé*
oir, *entendre*
ojo, *œil*
ola, *vague*
oler, *sentir* (odorat)
olor, *\*odeur*
olvidar, *oublier*
orilla, *rive, \*bord* (rivière)
oscuro, *obscur, sombre*
otra, *une autre*
otro, *un autre*

padre, *père*
pagar, *payer*
país, *pays*
pájaro, *oiseau*
palabra, *\*mot*
pan, *pain*
pantalla, *écran*
pañuelo, *mouchoir, foulard*

146

# ESPAGNOL-FRANÇAIS

**papel,** *papier, rôle*
**paquete,** *paquet, voyage à forfait*
**par,** *\*paire*
**parada,** *\*arrêt*
**paraguas,** *parapluie*
**parar,** *arrêter*
**pared** *\*mur*
**pareja,** *deux personnes*
**paro,** *chômage*
**pasaporte,** *passeport*
**pasar,** *passer*
**paseo,** *\*promenade*
**pasillo,** *couloir*
**paso,** *pas, passage*
**patatas,** *pommes de terre*
**pedir,** *demander, vouloir*
**película,** *\*film*
**peligro,** *danger*
**pelo,** *cheveu, les cheveux*
**pensar (en),** *penser (à)*
**peor,** *pire*
**pequeño,** *petit*
**perder,** *perdre*
**periódico,** *journal*
**periodo,** *\*période*
**permiso,** *accord, \*permission*
**permitir,** *permettre*
**pero,** *mais*
**perro,** *chien*
**pertenecer,** *appartenir*
**pesado,** *lourd*
**pescado,** *poisson*
**peso,** *poids*
**pie,** *pied*
**piedra,** *pierre*
**piel,** *peau*
**pierna,** *jambe*
**pila,** *pile*
**pinchazo,** *\*crevaison*
**pintar,** *peindre*
**pintura,** *peinture*
**piso,** *étage, appartement*
**plata,** *\*argent* (métal)
**playa,** *plage*
**plaza,** *place*
**pluma,** *plume*

**poco,** *peu*
**poder,** *pouvoir*
**policía,** *police*
**poner,** *poser, mettre*
**¿ por qué ?,** *pourquoi ?*
**porque,** *parce que*
**postre,** *dessert*
**precio,** *prix*
**preferir,** *préférer*
**pregunta,** *question*
**preguntara,** *demander, (questionner)*
**premio,** *prix* (récompense)
**preservativo,** *préservatif*
**prestado,** *prêté*
**prestar,** *prêter*
**prisa (tener),** *être pressé*
**probar,** *essayer, goûter*
**prometer,** *promettre*
**pronto,** *bientôt*
**propina,** *\*pourboire*
**proponer,** *proposer*
**próximo,** *prochain*
**prueba,** *preuve, \*essai*
**pueblo,** *village, peuple*
**puerta,** *porte*
**puerto,** *port, col* (de montagne)
**puro,** *pur, cigare*

**quedarse,** *rester*
**quemar,** *brûler*
**querer,** *aimer*
**queso,** *fromage*
**quiero,** *je veux*
**quitar,** *enlever*
**quizás,** *peut-être*

**rápido,** *vite*
**razón,** *raison*
**rebajas,** *\*soldes*
**receta,** *ordonnance*
**recibir,** *recevoir*
**recibo,** *reçu*
**reconocer,** *reconnaître*
**recto,** *droit*
**recuerdo,** *souvenir*
**reembolso,** *remboursement*

# ESPAGNOL-FRANÇAIS

**regalar,** *offrir*
**regalo,** *cadeau*
**regreso,** *retour*
**reloj,** *\*montre, pendule, horloge*
**retraso,** *retard*
**rincón,** *coin*
**río,** *\*rivière, fleuve*
**robar** *voler* (crime)
**robo,** *vol* (crime)
**rogar,** *prier*
**romper,** *casser*
**ropa,** *les vêtements*
**roto,** *cassé*
**rueda,** *roue*
**ruido,** *bruit*

**¿ sabe ?,** *savez-vous ?*
**saber,** *savoir*
**sacar,** *sortir* (quelque chose)
**salario,** *salaire*
**salida,** *sortie, \*départ*
**salir,** *sortir, partir*
**salud,** *santé*
**sangre,** *\*sang*
**santo,** *saint*
**secar,** *sécher*
**seco,** *sec*
**secretario,** *secrétaire*
**sed,** *soif*
**seguir,** *suivre, continuer*
**seguridad,** *sécurité*
**seguro (a),** *sûr*
**seguro (n),** *\*assurance*
**sello,** *timbre* (poste)
**semana,** *semaine*
**sentarse,** *s'asseoir*
**señor,** *monsieur*
**señora,** *madame*
**serio,** *sérieux*
**servicio,** *service, \*prestation*
**servicios,** *toilettes, W.-C.*
**sí,** *oui*
**siempre,** *toujours*
**siguiente,** *suivante*
**silencio,** *silence*
**silla,** *chaise*
**sin,** *sans*

**sociedad,** *société*
**socorro,** *secours*
**sol,** *soleil*
**soleado,** *ensoleillé*
**sólido,** *solide*
**solo,** *seul*
**sólo,** *seulement*
**soltero,** *célibataire*
**sonido,** *son*
**sordo,** *sourd*
**sorprendido,** *surpris*
**su,** *son, sa, leur, votre*
**suave,** *doux* (au toucher, par ex.)
**subir,** *monter*
**sucio,** *sale*
**sueño,** *rêve, sommeil*
**suerte,** *chance*
**sur,** *sud*

**tabaco,** *tabac*
**tabla,** *planche*
**talla,** *taille*
**taller,** *atelier*
**taller de reparaciones,** *atelier de réparations*
**talón,** *chèque*
**tamaño,** *\*taille* (dimension)
**también,** *aussi*
**tapar,** *cacher, couvrir*
**tarde,** *\*après-midi*
**tarifa,** *\*tarif*
**tarjeta,** *carte*
**tarjeta de visita,** *carte de visite*
**tarjeta bancaria,** *carte bancaire*
**taza,** *tasse*
**té,** *thé*
**techo,** *plafond*
**tejado,** *toit*
**tejido,** *tissu*
**tela,** *toile, \*tissu*
**teléfono,** *téléphone*
**telegrama,** *télégramme*
**temprano,** *tôt*
**tenedor,** *fourchette*
**tener,** *avoir, posséder*
**tener que,** *falloir, devoir*
**tengo,** *j'ai*

# ESPAGNOL-FRANÇAIS

**tengo que,** *je dois*
**tenis,** *tennis*
**tiempo,** *temps*
**tienda,** *\*magasin, tente* (camping)
**tierra,** *terre*
**timbre,** *\*sonnette*
**tirar,** *jeter*
**tocar** *toucher, jouer* (instrument)
**todo,** *tout*
**tomar,** *prendre*
**tonteria,** *bêtise*
**tonto,** *idiot, imbécile*
**tormenta,** *\*orage*
**toser,** *tousser*
**trabajar,** *travailler*
**trabajo,** *travail*
**traducir,** *traduire*
**traer,** *apporter*
**tragar,** *avaler*
**traje,** *costume*
**tratar de,** *essayer*
**tren,** *train*
**tripulación,** *\*équipage*
**trozo,** *bout, morceau*
**tú,** *toi*
**turista,** *touriste*

**último,** *dernier*
**único,** *unique, seul*
**usar,** *utiliser*
**usted,** *vous* (une personne)
**ustedes,** *vous* (vouvoiement au pluriel)
**útil,** *utile*

**vacaciones,** *vacances*
**vacío,** *vide*
**vagón,** *wagon*
**valer,** *valoir*
**valor,** *courage, \*valeur*
**valle,** *\*vallée*
**¡ vamos !,** *allons ! allons-y !*

**varios,** *plusieurs*
**vaso,** *verre*
**veces,** *fois* (pluriel)
**vecino,** *voisin*
**vehículo,** *véhicule*
**vela,** *voile*
**velocidad,** *vitesse*
**vendedor,** *vendeur*
**vender,** *vendre*
**veneno,** *poison*
**ventana,** *fenêtre*
**ver,** *voir*
**verano,** *été*
**verdad,** *vérité*
**verdadero,** *vrai, véritable*
**vestido,** *\*robe*
**vestirse,** *s'habiller*
**vez,** *fois* (singulier)
**viajar,** *voyager*
**viaje,** *voyage*
**viajero,** *voyageur*
**viento,** *vent*
**vino,** *vin*
**vivienda,** *\*logement, habitation*
**vivir,** *vivre, habiter*
**volar,** *voler* (avion)
**volver,** *revenir*
**vosotros,** *vous* (tutoiement au pluriel)
**vuelo,** *vol* (avion)
**vuelta,** *\*retour, tour*
**vuelta a Madrid,** *retour à Madrid*
**vuelta al mundo,** *tour du monde*

**y,** *et*
**ya,** *déjà*
**yo,** *moi, je*

**zapato,** *\*chaussure*
**zona,** *zone*
**zumo,** *jus de fruits*

# Vocabulaire de base français-espagnol

(Pour les vêtements, la nourriture, etc., consultez également les chapitres correspondants de la partie **B**.)
(Le genre ou le nombre ne sont précisés que s'ils diffèrent d'une langue à l'autre.)
(Seul le masculin est indiqué ; pour le féminin, voir page 20.)

**abîmer**, *estropear*
**absurde**, *absurdo*
**accepter**, *aceptar*
**accident**, *accidente*
**accompagner**, *acompañar*
**accord (d')**, *de acuerdo*
**achat**, *la compra*
**acheter**, *comprar*
**adapter**, *adaptar*
**addition**, *suma, cuenta*
**admirer**, *admirar*
**adresse**, *dirección*
**aéroport**, *aeropuerto*
**affaire** (bonne), *ganga*
**affaires** (commerce), *los negocios*
**âge**, *la edad*
**agence**, *agencia*
**agréable**, *agradable*
**ai (j')**, *tengo*
**aider**, *ayudar*
**aime (j')** (apprécier), *me gusta*
**aime (j')** (amour), *quiero*
**air**, *aire*
**ajouter**, *añadir*
**allemand**, *alemán*
**aller** (v), *ir*
**aller à l'étranger**, *ir al extranjero*
**aller en vacances**, *ir de vacaciones*
**aller** (s), *la ida*
**aller et retour**, *la ida y vuelta*
**allons-y !**, *¡ vamos !*
**allumer**, *encender*
**ami**, *amigo*
**amour**, *amor*
**amusant**, *divertido*
**an/année**, *año*
**anglais**, *inglés*
**animal**, *animal*
**annonce**, *el anuncio*
**annuaire**, *la guía*
**annuler**, *cancelar*

**appareil**, *aparato*
**appartement**, *apartamento, piso*
**appartenir**, *pertenecer*
**appel**, *la llamada*
**apporter**, *traer*
**apprendre**, *aprender*
**après**, *después*
**argent**, *dinero*
**argent liquide**, *dinero en efectivo*
**armoire**, *el armario*
**arrêt**, *la parada*
**arrêter**, *parar*
**arriver**, *llegar*
**article**, *artículo*
**ascenceur**, *ascensor*
**asseoir (s')**, *sentarse*
**assez**, *bastante*
**atelier**, *taller*
**attacher**, *atar*
**attendre**, *esperar*
**atterrir**, *aterrizar*
**atterrissage**, *aterrizaje*
**attention !**, *¡ cuidado !*
**attraper**, *coger*
**aujourd'hui**, *hoy*
**auparavant**, *antiguamente*
**au revoir**, *adiós*
**autour**, *alrededor*
**autre**, *otro, otra*
**avaler**, *tragar*
**avant**, *antes*
**avec**, *con*
**avez-vous ?**, *¿ tiene ?*
**avion**, *avión*
**avoir**, *tener*
**avoir faim**, *tener hambre*
**avoir de la chance**, *tener suerte*
**avoir peur**, *tener miedo*
**avoir raison**, *tener razón*
**avoir tort**, *no tener razón*

## FRANÇAIS-ESPAGNOL

**bagages,** *el equipaje*
**bague,** *el anillo*
**bain,** *baño*
**baisser,** *bajar*
**balayer,** *barrer*
**banque,** *el banco*
**barrière,** *barrera*
**bateau,** *barco*
**beaucoup,** *mucho*
**beau,** *bonito, bello*
**bêtise,** *tontería*
**bientôt,** *pronto*
**bienvenue,** *bienvenida*
**bois,** *la madera*
**bois** (forêt), *bosque*
**boîte,** *caja*
**boîte** (conserve), *lata*
**bonjour** (le matin), *buenos días*
**bonjour** (l'après-midi), *buenas tardes*
**bonsoir** (avant la nuit), *buenas tardes*
**bonsoir** (la nuit tombée), *buenas noches*
**bouger,** *moverse*
**billet,** *billete*
**blessé,** *herido*
**boire,** *beber*
**boisson,** *bebida*
**bon,** *bueno*
**bon marché,** *barato*
**bord (de la mer),** *la orilla del mar*
**bottes,** *botas*
**bouche,** *boca*
**bouteille,** *botella*
**boutique,** *tienda*
**bouton,** *botón*
**bras,** *brazo*
**briller,** *brillar*
**brochure,** *el folleto*
**bruit,** *ruido*
**brûler,** *quemar*
**bureau,** *despacho*

**cabine,** *cabina*
**cacher,** *esconder*
**cadeau,** *regalo*
**café,** *café*
**caisse,** *caja*
**calendrier,** *calendario*
**camion,** *camión*
**campagne,** *el campo*
**car (autocar),** *autobús*
**carré,** *cuadrado*
**carrefour,** *la encrucijada*
**carte** (géographie), *el mapa*
**carte bancaire,** *tarjeta bancaria*
**carte d'identité,** *el documento de identidad*
**carte de visite,** *tarjeta de visita*
**cas (en ... de),** *en caso de*
**casquette,** *visera*
**casser,** *romper*
**cassette,** *casete*
**cave** (vin), *bodega*
**célibataire,** *soltero*
**centre,** *centro*
**cerveau,** *cerebro*
**chaîne,** *cadena*
**chaise,** *silla*
**chaleur,** *el calor*
**chambre,** *habitacion*
**chambre double,** *habitación doble*
**chambre simple,** *habitación individual*
**chance,** *suerte*
**changer,** *cambiar*
**chaud,** *caliente*
**chef,** *jefe*
**chemin,** *camino*
**chemin de fer,** *ferrocarril*
**cheminée,** *chimenea*
**chèque,** *cheque, talón*
**cher,** *caro*
**chercher,** *buscar*
**cheval,** *caballo*
**cheveux,** *el pelo*
**chien,** *perro*
**chiffre,** *la cifra*
**chocolat,** *chocolate*
**choisir,** *escoger*

# FRANÇAIS-ESPAGNOL

**chose,** *cosa*
**ciel,** *cielo*
**cigarette,** *el cigarillo*
**cinéma,** *cine*
**clair,** *claro*
**clé,** *llave*
**client,** *cliente*
**climat,** *clima*
**clou,** *clavo*
**cœur,** *corazón*
**coin,** *la esquina, rincón*
**col** (montagne), *puerto*
**colis,** *bulto*
**combien ?,** *¿ cuánto ?*
**combien ça coûte ?,** *¿ cuánto es ?*
**commencer,** *empezar*
**comment ?,** *¿ cómo ?*
**commerce,** *comercio*
**complet,** *completo*
**conducteur,** *conductor*
**conduire,** *conducir*
**connaître,** *conocer*
**consulat,** *consulado*
**content,** *contento*
**continuer,** *seguir*
**convaincre,** *convencer*
**côte** (littoral), *costa*
**costume,** *traje*
**coucher,** *acostar*
**couleur,** *el color*
**couloir,** *pasillo*
**coup,** *golpe*
**couper,** *cortar*
**couple,** *la pareja*
**courant,** *la corriente*
**courrier,** *correo*
**court de tennis,** *la cancha de tenis*
**couteau,** *cuchillo*
**coûter,** *costar*
**crédit,** *crédito*
**crevaison,** *el pinchazo*
**croire,** *creer*
**cuir,** *cuero*
**cuisine,** *cocina*

**dame,** *dama*
**danger,** *peligro*
**dans,** *en*
**danser,** *bailar*
**davantage,** *más*
**décider,** *decidir*
**décrocher** (le tél.), *descolgar*
**déçu,** *decepcionado*
**dehors,** *fuera*
**déjeuner** (manger), *almozar*
**déjeuner** (repas), *almuerzo*
**demain,** *mañana*
**demander** (vouloir), *pedir*
**demander** (questionner) *preguntar*
**démarrer,** *arrancar*
**demi,** *medio*
**dent,** *el diente, muela*
**déranger,** *molestar*
**dernier,** *último*
**désagréable,** *desagradable*
**désir,** *deseo*
**dessert,** *postre*
**dessiner,** *dibujar*
**dessous,** *debajo*
**destination,** *el destino*
**devant,** *delante*
**dictionnaire,** *diccionario*
**différence,** *diferencia*
**difficile,** *difícil*
**dîner** (manger), *cenar*
**dîner** (repas), *la cena*
**dire,** *decir*
**direction,** *dirección*
**distance,** *distancia*
**distributeur** (billetterie), *cajero automático*
**doigt,** *dedo*
**donner,** *dar*
**dormir,** *dormir*
**douane,** *aduana*
**drogue,** *droga*
**droit,** *derecho*
**dur,** *duro*

**eau,** *agua*
**eau chaude,** *agua caliente*

# FRANÇAIS-ESPAGNOL

**eau froide,** *agua fría*
**eau gazeuse,** *agua con gas*
**eau plate,** *agua sin gas*
**école,** *escuela*
**écouter,** *escuchar*
**écran,** *la pantalla*
**écrire,** *escribir*
**égal,** *igual*
**électrique,** *eléctrico*
**elle,** *ella*
**éloigné,** *lejos*
**embarquement,** *embarque*
**embarquer,** *embarcar*
**émission,** *emisión*
**employé,** *empleado*
**emprunter,** *tomar prestado*
**en avance,** *adelantado*
**en bas,** *abajo*
**en haut,** *arriba*
**en retard,** *atrasado*
**en vacances,** *de vacaciones*
**enchanté,** *encantado*
**enfant,** *niño*
**enlever,** *quitar*
**enregistrement** (bagages), *la facturación*
**enregistrer** (bagages), *facturar*
**enregistrer** (cassette), *grabar*
**ensoleillé,** *soleado*
**entendre,** *oír*
**entier,** *entero*
**entrée,** *entrada*
**environ,** *aproximadamente*
**envoyer,** *enviar*
**épais,** *espeso*
**épeler,** *deletrear*
**équipage,** *la tripulación*
**équipe,** *el equipo*
**escalier,** *la escalera*
**espérer,** *esperar*
**essayer,** *probar*
**essence,** *gasolina*
**éteindre,** *apagar*
**été,** *verano*
**étonné,** *sorprendido*
**étranger,** *extranjero*
**étudier,** *estudiar*

**excursion,** *excursión*

**facile,** *fácil*
**faim,** *el hambre*
**faire,** *hacer*
**faire de la voile,** *praticar la vela*
**faire de la voiture,** *conducir*
**faire du vélo,** *montar en bicicleta*
**faire la cuisine,** *cocinar*
**faire les courses,** *ir de compras*
**faire mal,** *hacer daño*
**famille,** *familia*
**fatigué,** *cansado*
**faute,** *culpa*
**faute (c'est ma),** *es culpa mía*
**faux,** *falso*
**fax,** *fax*
**femme,** *mujer*
**fenêtre,** *ventana*
**fermer,** *cerrar*
**feu,** *fuego*
**feuille,** *hoja*
**fièvre,** *fiebre*
**fil,** *hilo*
**fille,** *hija*
**film,** *la película*
**fils,** *hijo*
**finir,** *acabar*
**fleur,** *flor*
**foncé,** *oscuro*
**fond,** *fondo*
**fonctionner,** *funcionar*
**forme,** *forma*
**fort,** *fuerte*
**fou,** *loco*
**fragile,** *frágil*
**frais,** *fresco*
**français,** *francés*
**frère,** *hermano*
**frites,** *patatas fritas*
**froid,** *frío*
**frontière,** *frontera*
**fruit,** *la fruta*
**fumer,** *fumar*

# FRANÇAIS-ESPAGNOL

**fumeur,** *fumador*
**futur,** *futuro*

**gagner,** *ganar*
**garage,** *garaje*
**garçon,** *chico*
**garder,** *guardar*
**gare,** *estación*
**garer (se),** *estacionar*
**gauche,** *izquierda*
**gaz,** *gas*
**gaz butane,** *gas butano*
**geler,** *helar*
**gens,** *la gente*
**gentil,** *amable*
**glace** (à manger)**,** *el helado*
**glace** (eau gelée)**,** *hielo*
**gonfler,** *hinchar*
**goût,** *gusto*
**graisse,** *grasa*
**grand,** *grande*
**gros,** *gordo*
**guérir,** *curar*
**guide,** *la guía*

**habiller (s'),** *vestirse*
**habiter,** *vivir*
**haut,** *alto*
**haut (en),** *arriba*
**hauteur,** *altura*
**heure,** *hora*
**heureusement,** *afortunadamente*
**heureux,** *feliz*
**hier,** *ayer*
**hiver,** *invierno*
**homme,** *hombre*
**hôpital,** *hospital*
**horaire,** *horario*
**horloge,** *el reloj*
**hors-d'œuvre,** *entremeses*
**hôtel,** *hotel*
**hôtesse de l'air,** *azafata*
**huile,** *el aceite*
**humidité,** *humedad*

**ici,** *aquí*
**idée,** *idea*

**île,** *isla*
**important,** *importante*
**impôt,** *impuesto*
**incendie,** *incendio*
**inclure,** *incluir*
**infirme,** *inválido*
**infirmière,** *enfermera*
**inscrire (s'),** *inscribirse*
**intéressant,** *interesante*
**intérieur,** *interior*
**interrompre,** *interrumpir*
**invité,** *invitado*
**itinéraire,** *itinerario*
**ivre,** *borracho*

**jamais,** *nunca*
**jambe,** *pierna*
**jardin,** *jardín*
**jeu,** *juego*
**jeune,** *joven*
**joli,** *bonito*
**jouer** (à un jeu)**,** *jugar*
**jouer** (instrument)**,** *tocar*
**jouet,** *juguete*
**jour,** *día*
**journal,** *periódico*
**journée,** *el día*
**jupe,** *falda*
**jus d'orange,** *zumo de naranja*
**jusqu'à,** *hasta*
**juste,** *justo*

**kilogramme,** *kilógramo*
**kilomètre,** *kilómetro*

**lac,** *lago*
**laid,** *feo*
**laisser,** *dejar*
**lait,** *la leche*
**lame,** *cuchilla*
**lampe,** *lámpara*
**langue,** *lengua*
**large,** *ancho*

# FRANÇAIS-ESPAGNOL

**laver,** *lavar*
**léger,** *ligero*
**lendemain,** *día singuiente*
**lent,** *lento*
**lequel ?,** *¿ cuál ?*
**lettre,** *carta*
**leur,** *su*
**lever,** *levantar*
**lever (se),** *levantarse*
**libre,** *libre*
**lieu,** *lugar*
**ligne,** *línea*
**liquide,** *líquido*
**lire,** *leer*
**lit,** *la cama*
**litre,** *litro*
**livre,** *libro*
**location,** *el alquiler*
**logement,** *alojamiento*
**loi,** *ley*
**loin,** *lejos*
**long,** *largo*
**louer,** *alquilar*
**lourd,** *pesado*
**lunettes,** *gafas*
**luxe,** *lujo*

**machine,** *máquina*
**madame,** *señora*
**magasin,** *tienda*
**magasins (grands),** *almacenes*
**main,** *mano*
**maintenant,** *ahora*
**mais,** *pero*
**maison,** *casa*
**mal,** *daño*
**mal à la tête,** *dolor de cabeza*
**mal aux dents,** *dolor de muelas*
**malade,** *enfermo*
**malheureusement,** *desgraciadamente*
**manger,** *comer*
**manquer (le train),** *perder (el tren)*
**manquer** (en manque), *faltar*
**marchand,** *comerciante*
**marchandise,** *mercancía*
**marché,** *mercado*
**marcher** (aller à pied), *andar*
**marcher** (fonctionner), *funcionar*
**mari,** *marido*
**mariage,** *la boda, matrimonio*
**marié,** *casado*
**marin,** *marinero*
**matin,** *la mañana*
**mauvais,** *malo*
**médecin,** *médico*
**médicament,** *la medicina*
**meilleur,** *mejor*
**même,** *mismo*
**mensuel,** *mensual*
**mentir,** *mentir*
**menu,** *menú*
**mer,** *el mar*
**merci,** *gracias*
**mère,** *madre*
**message,** *mensaje*
**mettre,** *poner*
**meuble,** *mueble*
**mieux,** *mejor*
**mince,** *delgado*
**moi,** *yo*
**moins,** *menos*
**monde,** *mundo*
**monnaie,** *moneda*
**monsieur,** *señor*
**montagne,** *montaña*
**montant,** *importe*
**monter,** *subir*
**montre,** *el reloj*
**montrer,** *enseñar*
**morceau,** *trozo*
**mort,** *muerto*
**mot,** *la palabra*
**moteur,** *motor*
**mou,** *blando*
**mourir,** *morir*
**mur,** *la pared*
**musée,** *museo*
**musique,** *música*

**nager,** *nadar*
**naître,** *nacer*
**nationalité,** *nacionalidad*
**neige,** *nieve*
**nerveux,** *nervioso*

# FRANÇAIS-ESPAGNOL

nettoyer, *limpiar*
neuf, *nuevo*
niveau, *nivel*
nom, *nombre*
nom de famille, *apellido*
nombre, *número*
nos, *nuestros*
notre, *nuestro*
nouveau, *nuevo*
nu, *desnudo*
nuage, *la nube*
nuageux, *nublado*
nuit, *noche*
numéro, *número*

obligatoire, *obligatorio*
occupé, *ocupado*
œil, *ojo*
offrir, *regalar*
oiseau, *pájaro*
opération, *operación*
orage, *la tormenta*
ordinateur, *ordenador*
ordonnance, *receta*
où ?, *¿ dónde ?*
oublier, *olvidar*
oui, *sí*
outil, *la herramienta*
ouvert, *abierto*
ouverture, *apertura*
ouvrier, *obrero*
ouvrir, *abrir*

pain, *pan*
paire, *un par*
panne, *avería*
pantalon, *pantalón*
papier, *papel*
Pâques, *Semana Santa*
paquet, *paquete*
parapluie, *paraguas*
parce que, *porque*
pardessus, *abrigo*
parler, *hablar*
partir, *irse*
partout, *por todas partes*
passeport, *pasaporte*

passer la douane, *pasar la aduana*
passer par, *pasar por*
payer, *pagar*
pays, *país*
peau, *piel*
peinture, *pintura*
pendant, *durante*
penser, *pensar*
perdre, *perder*
père, *padre*
permettre, *permitir*
permis, *permiso*
personne, *nadie*
petit, *pequeño*
petit déjeuner, *desayuno*
peu, *poco*
peur, *el miedo*
pharmacie, *farmacia*
phrase, *frase*
pièce (chambre), *habitación*
pièce (de monnaie), *moneda*
pied, *pie*
pierre, *piedra*
pile, *pila*
pire, *peor*
piscine, *piscina*
place (ville), *plaza*
place assise, *el asiento*
plafond, *techo*
plage, *playa*
plaisir, *placer*
planche à voile, *tabla de vela*
plein, *lleno*
pleuvoir, *llover*
pluie, *lluvia*
plus, *más*
poche, *el bolsillo*
poids, *peso*
poisson, *pescado, pez*
police, *policía*
pompier, *bombero*
port, *puerto*
porte, *puerta*
porter, *llevar*
poser, *colocar*
Poste, *Correos*

# FRANÇAIS-ESPAGNOL

**poubelle,** *el cubo de la basura*
**pourboire,** *la propina*
**pourquoi ?,** *¿ por qué ?*
**pouvoir,** *poder*
**préférer,** *preferir*
**prendre,** *coger, tomar*
**prénom,** *nombre (de pila)*
**près,** *cerca*
**préservatif,** *preservativo*
**pressé,** *con prisa*
**pressé (être),** *tener prisa*
**prêt,** *preparado*
**prêter,** *prestar*
**preuve,** *prueba*
**prévenir,** *avisar*
**prix** (récompense), *premio*
**prix** (valeur), *precio*
**prochain,** *próximo*
**profiter,** *aprovechar, disfrutar*
**promettre,** *prometer*
**proposer,** *proponer*
**propre,** *limpio*
**pur,** *puro*

**quai,** *andén*
**qualité,** *calidad*
**quand,** *cuando*
**quelque chose,** *algo*
**quelquefois,** *a veces*
**quelqu'un,** *alguien*
**question,** *pregunta*
**queue,** *cola*
**quitter,** *dejar*
**quotidien,** *diario*

**raccrocher,** *colgar*
**raison,** *razón*
**rapide,** *rápido*
**rater** (l'avion), *perder (el avión)*
**réception,** *recepción*
**recevoir,** *recibir*
**reconnaître,** *reconocer*
**reçu,** *recibo*
**regarder,** *mirar*
**regretter,** *sentir*
**rembourser,** *reembolso*
**remercier,** *agradecer*

**remplacer,** *reeemplazar*
**remplir,** *llenar*
**rencontrer,** *encontrar*
**rendez-vous,** *la cita*
**rendre,** *devolver*
**renseigner,** *informar*
**rentrer,** *volver*
**réparer,** *reparar*
**repas,** *la comida*
**répondeur,** *contestador*
**répondre,** *contestar*
**réponse,** *contestación*
**repos,** *descanso*
**réservation,** *reserva*
**réserver,** *reservar*
**rester,** *quedarse*
**retard,** *retraso*
**retraite,** *jubilación*
**retraité,** *jubilado*
**retour,** *regreso*
**réussir,** *conseguir, lograr*
**réveiller,** *despertar*
**rien,** *nada*
**rivière,** *el río*
**robe,** *el vestido*
**roue,** *rueda*
**rouler** (vite), *conducir (deprisa)*
**route,** *carretera*
**rue,** *calle*

**sable,** *la arena*
**sac à main,** *bolso de mano*
**saison,** *estación*
**salaire,** *salario*
**sale,** *sucio*
**salle de bains,** *el cuarto de baño*
**sandwich,** *bocadillo*
**sang,** *la sangre*
**santé,** *salud*
**sauf,** *excepto*
**savez-vous ?,** *¿ sabe ?*
**savoir,** *saber*
**sec,** *seco*
**sécher,** *secar*
**secrétaire,** *secretario*
**secours,** *socorro*

# FRANÇAIS-ESPAGNOL

**sécurité,** *seguridad*
**séjour,** *la estancia*
**semaine,** *semana*
**sens unique,** *la dirección única*
**sérieux,** *serio*
**serrure,** *cerradura*
**serveur,** *camarero*
**service compris,** *servicio incluido*
**servir,** *servir*
**seul,** *solo*
**seulement,** *sólo*
**si,** *si*
**siège** (place), *asiento*
**siège (social),** *la sede (social)*
**signature,** *firma*
**signer,** *firmar*
**silence,** *silencio*
**société,** *sociedad*
**soif,** *sed*
**soigner,** *curar*
**soir,** *la tarde, la noche*
**soldes,** *las rebajas*
**soleil,** *sol*
**solide,** *sólido*
**sommeil,** *sueño*
**son,** *sonido*
**son** (à quelqu'un), *su*
**sonnette,** *el timbre*
**sortie,** *salida*
**sortir,** *salir*
**sourd,** *sordo*
**sous,** *bajo*
**souvenir,** *recuerdo*
**spectacle,** *espectáculo*
**station,** *estación*
**station balnéaire,** *estación de playa*
**station-service,** *gasolinera*
**stationnement,** *aparcamiento*
**stationner,** *aparcar*
**stupide,** *estúpido*
**stylo,** *la pluma*
**stylo à bille,** *bolígrafo*
**sucre,** *azúcar*
**sud,** *sur*

**suivre,** *seguir*
**sûr,** *seguro*

**tabac,** *tabaco*
**table,** *mesa*
**tableau,** *cuadro*
**tacher,** *manchar*
**taille,** *talla*
**tailleur,** *sastre*
**tapis,** *la alfombra*
**tarif,** *la tarifa*
**tasse,** *taza*
**taxe,** *el impuesto*
**taxi,** *taxi*
**télégramme,** *telegrama*
**téléphone,** *teléfono*
**téléphoner,** *llamar por teléfono*
**télévision,** *televisión*
**temps,** *tiempo*
**tennis,** *tenis*
**terrain,** *terreno*
**terre,** *tierra*
**tête,** *cabeza*
**thé,** *té*
**timbre,** *sello*
**ticket,** *billete, la entrada*
**tissu,** *tejido*
**toi,** *tú*
**toilettes,** *servicios, aseos*
**toit,** *tejado*
**tomber,** *caer*
**tomber en panne,** *tener una avería*
**tort,** *la culpa*
**tort** (avoir), *tener la culpa*
**tôt,** *temprano*
**toujours,** *siempre*
**touriste,** *turista*
**tourner,** *girar*
**tousser,** *toser*
**tout,** *todo*
**traduire,** *traducir*
**train,** *tren*
**tranquille,** *tranquilo*
**transport,** *transporte*
**travail,** *trabajo*

# FRANÇAIS-ESPAGNOL

**travailler,** *trabajar*
**traverser,** *atravesar*
**triste,** *triste*
**trop,** *demasiado*
**trottoir,** *la acera*
**trouver,** *encontrar*

**urgent,** *urgente*
**usine,** *fábrica*
**utile,** *útil*

**vacances,** *vacaciones*
**valeur,** *el valor*
**valise,** *maleta*
**valoir,** *valer*
**véhicule,** *vehículo*
**vendeur,** *vendedor*
**vendre,** *vender*
**venir,** *venir*
**vent,** *viento*
**vérité,** *verdad*
**verre,** *vaso*
**vêtements,** *la ropa*
**viande,** *carne*
**village,** *pueblo*
**ville,** *ciudad*
**vin,** *vino*
**virage,** *la curva*

**vite,** *deprisa*
**vitesse,** *velocidad*
**vivant,** *vivo*
**vivre,** *vivir*
**voir,** *ver*
**voisin,** *vecino*
**voiture,** *el coche*
**vol** (avion), *vuelo*
**vol** (crime), *robo*
**voler** (avion), *volar*
**voler** (crime), *robar*
**votre,** *su*
**vouloir,** *querer*
**vous** (vouvoiement), *usted*
**vous** (vouvoiement pluriel), *ustedes*
**vous** (tutoiement pluriel), *vosotros*
**voyage,** *viaje*
**voyager,** *viajar*
**voyageur,** *viajero*
**vrai,** *verdadero*

**W.-C.,** *aseos, servicios*
**wagon,** *vagón*

**yacht,** *yate*

**zone,** *zona*

159

## INDEX GRAMMATICAL

accent écrit, **129**
accent tonique, **129**
adjectifs, **133**
adverbes, **80, 133**
apocope, **28**
article, **131**
auxiliaire, **8, 16**
avoir, **16**
-*azo* (suffixe), **28**
*beber*, **135**
*cantar*, **135**
chiffres, **24, 130**
comparatifs, **84, 134**
*creer*, **44**
démonstratifs, **132**
depuis (trad.), **72**
éloignement, **80, 132**
*estar,* **12, 20, 137**
être, **8, 12, 136, 137**
exclamation, **52, 56**
féminin, **20**
*gustar*, **36**
*haber*, **8**
il y a (trad.), **24**
impératif, **40**
indéfinis, **28**
interdictions, **68**
interrogation, **20, 52, 56**

*ir*, **137**
irréguliers (verbes), **138**
*lo*, **84**
localisation, **12**
négation, **16**
obligation, **16, 68**
passé (temps du), **72**
pluriel, **20**
*poder*, **48**
possessifs, **60**
prépositions, **76**
prétérit, **72**
pronoms, **131, 132**
prononciation, **3, 128**
*querer*, **36**
*saber*, **44**
*ser*, **8, 136**
subjonctif, **40**
superlatif, **84**
*tener*, **16, 138**
*usted*, **8**
verbes, **134 à 139**
*vivir,* **136**
vouloir, **36**
*vosotros*, **8**
vous (trad.), **8**
vouvoiement, **8, 60**

---

*Cet ouvrage a été composé par Atelier JOMI & DÉCLINAISONS*

*Impression réalisée sur Presse Offset par*

**BRODARD & TAUPIN**

GROUPE CPI

34966 – La Flèche (Sarthe), le 30-03-2006
Dépôt légal : juin 1993
Suite au premier tirage : mars 2006

POCKET – 12, avenue d'Italie - 75627 Paris cedex 13

*Imprimé en France*